KOMBI

KOMBI

Um ícone cultural

RICHARD COPPING

Tradução de Luiz M. Leitão da Cunha

Copyright © 2011 Richard Copping

Copyright da tradução © 2012 Alaúde Editorial Ltda.

Título original: *Volkswagen Transporter – A celebration of an automotive and cultural icon*

Todos os direitos reservados. Nenhuma parte desta edição pode ser utilizada ou reproduzida – em qualquer meio ou forma, seja mecânico ou eletrônico –, nem apropriada ou estocada em sistema de banco de dados sem a expressa autorização da editora.

O texto deste livro foi fixado conforme o acordo ortográfico vigente no Brasil desde 1º de janeiro de 2009.

Projeto gráfico: Richard Parsons

Preparação: Temas e Variações Editoriais

Revisão: Fernando Garcia, Olga Sérvulo

Consultoria técnica: Bob Sharp

Impressão e acabamento: Ipsis Gráfica e Editora

1ª edição, 2013 (1 reimpressão)

Impresso no Brasil

Dados Internacionais de Catalogação na Publicação (CIP)
(Câmara Brasileira do Livro, SP, Brasil)

Copping, Richard

Kombi: um ícone cultural / Richard Copping; [tradução Luiz M. Leitão da Cunha]. – São Paulo: Alaúde Editorial, 2012.
Título original: Volkswagen Transporter: A celebration of an automotive and cultural icon
Bibliografia.
ISBN 978-85-7881-137-2
1. Automóveis - Brasil - História 2. Kombi

12-11984	CDD-629.2220981

Índices para catálogo sistemático:
1. Brasil: Kombi: Automóveis: História 629.2220981

2016
Alaúde Editorial Ltda.
Avenida Paulista, 1337,
conjunto 11, Bela Vista
São Paulo, SP, 01311-200
Tel.: (11) 5572-9474
www.alaude.com.br

CRÉDITO DAS IMAGENS

Os direitos autorais de todas as fotografias de arquivo pertencem à Volkswagen Alktiengesellschaft, à exceção das imagens das páginas 8, 130 abaixo, 133, 134, 135, 146, 147, 148.

Todas as fotografias de arquivo foram cedidas pela Volkswagen Alktiengesellschaft, à exceção de:

Coleção do autor: 6, 7 abaixo, 8, 14, 16, 17 à esquerda, 31, 32, 33, 36, 38, 39, 41, 42, 43, 51 à esquerda, 52, 53 acima, 55 acima à direita e abaixo, 60 à esquerda e abaixo à direita, 61 acima à esquerda, acima, no centro à esquerda, abaixo à esquerda, 63 abaixo à esquerda, 64, 70, 82, 83, 84 acima à direita, 87, 88 à direita, 89, 90, 91, 94 abaixo, 95, 96, 98, 99, 104, 105, 106 acima, 107, 108 à direita, 109 acima à esquerda, 112, 113, 115, 118, 119, 121, 122, 124, 125, 127, 128, 130, 131, 132, 133, 136, 137, 138, 139, 147, 148, 149 acima à esquerda, acima e à esquerda.

Coleção de Brian Screaton: 12 acima, 21, 25, 34, 35, 55 à esquerda, 61 abaixo à extrema esquerda, 63 acima à esquerda.

Fotografias feitas em estúdio por John Colley: capa, 2-3, 26-7, 44-9, 56-9, 72-5, 80-1, 100-3, 140-5.

NOTA DO EDITOR

Alemanha, novembro de 1949. O diretor-geral da Volkswagen, Heinrich Nordhoff, anuncia à imprensa mundial o lançamento de um furgão de carga denominado Transporter. Anos mais tarde, o furgão de carga passou a ser fabricado também no Brasil, onde recebeu o nome de Kombi.

Para tornar a leitura deste livro mais fácil e próxima da realidade brasileira, optou-se por traduzir o nome da série de veículos – Volkswagen Transporter – pelo nome do seu integrante mais famoso, a Kombi, e identificar os demais modelos pela finalidade: picape, micro-ônibus de oito lugares, ambulância e veículo para uso do correio alemão.

Sumário

	Introdução	6
	Agradecimentos	8
	Desenho, desenvolvimento e lançamento de uma lenda	10
1949–1967	**A primeira geração** Um ícone, ontem e hoje	26
1967–1979	**A segunda geração** Capacidade e durabilidade	80
1979–1992	**A terceira geração** Complexa demais para ser tão boa?	110
	Volkswagen Camper Alta popularidade	128
	Índice remissivo	150

KOMBI

Introdução

Um livro escrito sobre um veículo comercial, abrangendo um furgão e picapes de cabines simples e duplas em uma coleção sobre grandes carros? Não pode ser, é claro. Ou pode? Quando Heinz Nordhoff, diretor-geral da Volkswagen, apresentou as primeiras Kombis à imprensa automobilística, havia entre um micro-ônibus, um veículo inédito de oito lugares para transporte de pessoas – um carro grande, com certeza. Era assim que a linha que levava o nome Volkswagen Kombi era vista e como permaneceu desde então: uma combinação de veículo de trabalho e transporte para famílias grandes ou grupos pequenos. A Kombi tem sido, há um bom tempo, o mais popular de todos os modelos clássicos da Volkswagen; sua versatilidade e capacidade de transporte maior que a dos carros familiares comuns e a possibilidade de se transformar numa casa móvel de fins de semana asseguraram isso. O número de fãs desse carro é enorme, e também por isso ele merece um lugar entre os clássicos desta série.

À direita: "Quem dirige a Kombi?" A pergunta neste folheto de 1952 será respondida à medida que o conteúdo do livro for revelado. O talentoso artista Bernd Reuters preparou uma série de ilustrações para o material promocional dos anos 1950. Todos eles são hoje itens de coleção valiosos.

No entanto, estabelecido o lugar de direito da Kombi, todo autor ansioso pela tarefa de escrever sobre ela enfrenta um dilema – a dificuldade de justificar a quantidade desproporcional de palavras destinadas a uma geração em comparação a outra. Em termos apenas de números de produção, a Kombi da segunda geração, às vezes chamada de "Janelão", ganha disparado, com 2.465.000 unidades produzidas entre agosto de 1967 e meados de 1979 em Hanover e, às vezes, em Emden, sem falar da produção em outros países. Da mesma forma, no caso do tempo de produção, a primeira geração sai na frente. Com frequência apelidada de "Splitty", ganha fácil, com quase dezoito anos. Certo ou errado, desprezando a quarta geração da Kombi, 1990-2003, ainda muito atual para ser bem avaliada, e a atual T5, por estar disponível nos luxuosos salões de exposição da Volkswagen, foi na inclusão da Kombi da terceira geração, 1979-1992 – nem a mais

INTRODUÇÃO

À direita: O objetivo deste livro pode ser investigar a história das clássicas Kombis, mas é bom mostrar um Volkswagen relativamente moderno ao lado de seus valorosos antecessores. Da esquerda para a direita: a primeira geração (1949-67), a segunda geração (1967-79), a terceira geração (1979-92), e a quarta geração (1990-2003).

produzida, nem a mais longeva ou popular –, que uma decisão crucial teve de ser tomada.

A solução deste autor para o dilema está centrada no interesse histórico e de diversão, na reavaliação de reputações e em desvendar histórias convenientes para revelar o que de fato ocorreu. Por isso, é inevitável que a primeira geração da Kombi, desde o surgimento de uma incipiente Volkswagen pós-guerra até se tornar uma campeã de vendas, tome boa parte deste livro. Da mesma forma, como este não é um manual de especificações, as páginas dedicadas à segunda geração da Kombi foram parcimoniosas.

A inclusão da Kombi da terceira geração entre os grandes carros explica-se pela fascinante história do seu surgimento, a chegada de um motor a diesel como prenúncio da refrigeração a água e depois, imaginem só, a tração nas quatro rodas! Se a T3 merece ser considerada um grande carro, é você quem decide.

Tendo sido rigoroso nesses aspectos, eu me permiti uma digressão na forma de um capítulo inteiro dedicado ao Camper. Mais uma vez, se o desejo do leitor for buscar mais informações a respeito dos desenhos oferecidos por um fabricante específico em um determinado ano, este livro não é o ideal. A indulgência aqui permitida é tripla: primeiro e mais importante, para lembrar a todos que,

até o início deste século, a fábrica da Volkswagen em Hanover não fabricava o Camper; segundo, para desvendar as complexidades do Camper e do mercado americano; e, por último, para enfatizar a importância deste modelo extra dentro da linha, tanto pela quantidade de veículos encomendados à fábrica para serem convertidos em Camper como pela incrível popularidade desses modelos atualmente. Sem o movimento Camper, quem sabe, este livro talvez nem tivesse sido escrito!

Por fim, há tanto a compartilhar a respeito deste veículo tão representativo do sucesso da Volkswagen que havia o sério risco de o autor ultrapassar o espaço do texto à custa do sacrifício de belas e interessantes fotografias da Kombi. Por isso, esta introdução, escrita por último, claro, é curta de forma que todos – o autor, inclusive – possam saciar sua curiosidade pela Kombi.

À esquerda: Um dos prazeres de compilar as imagens para este livro foi a oportunidade de apresentar uma seleção da riqueza de materiais disponíveis do período. O veículo mostrado é um Micro Bus De Luxe de meados dos anos 1950.

7

Agradecimentos

Nunca tive uma Kombi e talvez nunca venha a ter. E ainda assim sinto uma enorme satisfação em escrever sobre esse veículo, fotografá-lo, colecionar material de arquivo a respeito dele e mergulhar em sua fascinante história. Agradeço de coração à Haynes Publishing [editora do livro original], na pessoa de Mark Hughes e Derek Smith, por me permitirem satisfazer meu interesse em um livro feito para meu tipo de história.

Da mesma forma, cinco proprietários de Kombis merecem os meus agradecimentos – e os de vocês. Suas magníficas Kombis originais, ou muito bem restauradas, compõem belas imagens contidas neste livro. Seguindo a ordem em que os veículos aparecem aqui, nós olhamos primeiro para o Micro Bus De Luxe que embeleza a capa. Propriedade de Alan Schofield nesta ocasião particular, bastante conhecido nos círculos da Volkswagen tanto pelo negócio ao qual se dedica como por sua coleção de Kombis magnificamente restauradas, o Micro Bus De Luxe é um ingrediente essencial de qualquer livro sobre veículos de referência, e, neste tão apreciado exemplo, nós pudemos fazer o melhor possível. Muito obrigado, Alan.

Alguns entusiastas dedicados preferiram preservar exemplares clássicos menos conhecidos da linha Kombi, e Matt Lancaster é um deles, com sua ambulância 1956. A Krankenwagen foi uma atração especial em suas mostras durante alguns anos. Considerando que apenas 586 desses veículos foram produzidos naquele ano, é um privilégio

Abaixo: Hoje muita gente imagina todas as Kombis como furgões Camper, com a liberdade de estar ao ar livre e em grandes espaços abertos que esses veículos oferecem, conceitos responsáveis por grande parte do interesse na marca. A conversão Westfalia aqui ilustrada remonta aos primórdios do movimento, nos anos 1950.

AGRADECIMENTOS

incluir no livro um veículo raro e original – obrigado, Matt.

A picape de Russ Dowson exala apelo histórico. De uma época em que a mania dos Campers varria o mundo, é um prazer incluir um genuíno veículo de trabalho, um carro que teria sido adquirido por seu dono original para auxiliá-lo a ganhar seu dinheirinho honestamente – muito obrigado, Russ.

Em seguida, passamos para um Janelão dos primórdios. Sejamos honestos, há Campers e Campers, mas a Devon Eurovette 1968 de Allan Ward pertence, com certeza, à categoria das originais completas e encantadoras – um veículo pelo qual muitos dariam todas as suas economias para arrebatar das mãos de seu único dono. Por compartilhar esta soberba Kombi da segunda geração conosco, meus agradecimentos, Allan.

Por fim, Ian Grice e seu modelo Janelão mais recente, um Camper que até hoje lhe permite ganhar a vida fazendo o que era destinado a fazer. Ian estava ansioso para mostrar que, com seu trabalho no furgão, traços de sua originalidade se perderam e que, sem dúvida, especialistas adorariam apontar qualquer pequena alteração. Absurdo! O veículo incorpora a ideia de um adorado lar longe de casa, ostentando ao mesmo tempo os atributos principais que o distinguem de modelos anteriores. Obrigado, Ian.

Se você conhece o livro desta série sobre o Fusca, o que se segue vai parecer uma repetição do que eu disse lá, mas esta repetição se justifica: meus agradecimentos a Brian Screaton, um entusiasta de longa data da Volkswagen, não só por me incentivar a acrescentar ao meu arquivo de catálogos Volkswagen imagens de revistas e jornais e, com isso, tornar o processo de ilustração deste livro muito mais fascinante, mas também por verificar e pesquisar fontes em muitos lugares a fim de me ajudar a aumentar minha sempre crescente coleção.

Richard A. Copping, 2011

Acima: Um clássico vive. A produção alemã da segunda geração da Kombi foi encerrada em 1979, mas continua até hoje no reduto da Volkswagen do Brasil. Atualmente contando com um moderno motor refrigerado a água (como se vê pela grade nada elegante do radiador), futuros compradores podem ter a satisfação de adquirir um clássico zero-quilômetro!

Desenho, desenvolvimento e lançamento de uma lenda

Às vezes, a história considerada verdadeira requer uma reavaliação. No caso da Kombi, a história de que um holandês chamado Ben Pon teria sido o grande responsável pelo surgimento do veículo se perpetuou. Sem dúvida, ele teve participação no processo, mas a fabricação desse veículo sempre repousou em outras mãos. Durante um longo período da história da Volkswagen, julgou-se apropriado omitir essa história; até agora, mais de uma geração depois, realidade e ficção se misturaram de tal forma que somente um desnudar radical do folclore pode revelar a verdade.

A propriedade do conceito

Em novembro de 1949, quando o recém-nomeado diretor-geral Heinz Nordhoff falou à imprensa automobilística mundial, um problema básico o confrontava. O veículo que ele estava lançando não tinha nome. Tal havia sido o ritmo da corrida para se iniciar a produção que a mera trivialidade de um título, ou, em linguagem moderna, uma marca, havia sido mais ou menos ignorada! Por mais insignificante que isso possa parecer, ajuda a explicar a cada vez mais acreditada teoria de que, quando entrou na Volkswagen, em janeiro de 1948, Nordhoff idealizou e desenvolveu o projeto desde o esboço. Se Ben Pon se sentiu subtraído da glória associada à ideia de um novo tipo de veículo de entregas, por que não se manifestou e negou que Nordhoff e seu nomeado Alfred Haesner haviam planejado a criação de um furgão durante uma viagem de carro que fizeram juntos cerca de um ano antes?

À direita: Com a impressionante pintura de dois tons, este protótipo, talvez o sexto ou sétimo da linha, antecipou as vendas do furgão com acabamento apenas em primer, para que os compradores pudessem pintá-los nas cores de sua casa. Bernd Reuters adorou produzir ilustrações de furgões básicos com painéis de duas cores, tanto para representar este protótipo como para mostrar a versatilidade dos grandes painéis em forma de prancha aos futuros compradores.

DESENHO, DESENVOLVIMENTO E LANÇAMENTO DE UMA LENDA

Ferdinand Porsche é excluído

O que parece provável é que, se Ferdinand Porsche, o criador do Fusca, não houvesse sido afastado pelas contingências da guerra e pela vontade de seus chefes nazistas, ele teria, com sua reconhecida genialidade, usado o conceito do Fusca e desenvolvido um veículo comercial completo e viável a partir dele. Mas, tendo realizado a ambição de toda uma vida de criar um pequeno carro popular que sobreviveria aos estágios de planejamento e protótipo, a maior parte do tempo de Porsche foi dedicada, no início, a projetos como o da criação de um veículo leve e versátil para transporte de tropas, o chamado Kübelwagen, e o superversátil anfíbio Schwimmwagen.

As façanhas posteriores de Porsche durante a guerra não merecem ser recordadas, já que suas ligações com o Fusca e o poder automobilístico são frágeis. Porsche fugiu da fábrica KdF, controlada pelos nazistas e que viria a ser Wolfsburg, para seu país de nascença, a Áustria, quando se tornou óbvia a derrota dos alemães e de seu ditador nazista na guerra. Seu destino foi ser levado para uma prisão na França, onde sua saúde ficou bem abalada. Embora viesse a visitar a Volkswagen como convidado de honra, pouco antes de morrer, em janeiro de 1951, e possa até ter chegado a ver a Kombi na linha de produção, ele não teve participação no seu desenvolvimento.

O registro de Porsche, então, no que diz respeito a um veículo comercial para a Volkswagen – ou, para empregar o absurdo nome nazista, KdF (*Kraft durch Freude*, ou "Força através da alegria") –, não passou de algumas tentativas de adaptações do Fusca que significaram pouco mais que versões encurtadas ou simplificadas do carro. Um modelo típico foi designado Tipo 68, batizado como Furgão de Entregas Modelo A. Utilizando a carroceria de um Fusca normal, a área atrás das portas foi removida para dar espaço a uma plataforma plana, à qual se acrescentou uma cobertura de lona. Outro foi o Tipo 81, do qual se acredita que apenas um exemplar foi feito. Este, pelo menos, imitava o perfil normal de uma perua e incorporava uma porta articulada e plana na traseira. O que havia de estranho nela era uma barra transversal, que tornava difícil o acesso ao motor traseiro, enquanto o compartimento do motor de quatro cilindros boxer, com suas únicas entradas de ar situadas no alto das laterais, tornava questionável a eficácia de sua refrigeração.

O destino da fábrica

Liberada por soldados americanos nos últimos dias da guerra, a fábrica, construída com o propósito de fabricar os KdF-Wagen de Hitler, um lugar que logo se tornaria conhecido como Wolfsburg (ou, no início, como Wolfsburg Motor Works), estava no setor da Alemanha que ficou sob controle britânico. Em consequência, um jovem major da Royal Electrical and Mechanical Engineers (REME), Ivan Hirst, foi enviado, sem ordens específicas, para assumir o controle. Como haviam sido alocados fundos estatais para a construção de Wolfsburg, que se tornara propriedade do proscrito Partido Nazista, seu destino era, para dizer o mínimo, incerto. Havia a opção de demoli-la, mas isso colocaria em risco a comunidade que morava nas proximidades. Outra possibilidade seria repará-la, mas os encarregados de lidar com esses tipos de sobras de guerra ridicularizavam tanto as instalações quanto o produto. Talvez o fato de haver uma necessidade urgente de prover meios de transporte para os militares e outros na Alemanha depois da guerra tenha salvado Wolfsburg, e, embora a habilidade do britânico Ivan Hirst com o Fusca não fosse relevante no caso, seu infindável entusiasmo e a assumida paixão amadorística por qualquer ideia que lhe fosse apresentada certamente o eram. Seja qual for a verdade ou, por outro lado, o estado de devastação da fábrica e a maneira provisória como se fabricavam os Fuscas no momento, o progresso foi suficiente para os aliados contemplarem não só a sobrevivência a longo prazo de Wolfsburg, mas também a devolução posterior do seu controle aos alemães.

A história de Ben Pon

Muitos autores e historiadores tiveram a sorte de participar de encontros com Ivan Hirst durante sua aposentadoria. Em março de 2000, poucos meses antes de sua morte, aos 84 anos, um dia inteiro foi destinado a debates em sua casa, em Marsden, e, como não podia deixar de ser, uma parte da conversa foi dedicada a Ben Pon e à Kombi.

A associação do nome de Pon ao Fusca remonta quase aos dias dos primeiros protótipos, muito antes de a guerra acabar com quaisquer de seus planos ambiciosos.

Sua família havia sido a distribuidora oficial da Opel em Amersfoort, na Holanda, até o dia em que a empresa alemã foi comprada pela gigante americana General Motors. A outorga aleatória de franquias pela Opel havia resultado em uma proliferação de agências, que a General

Acima: Ivan Hirst era o oficial sênior residente nos dias do pós-guerra da ocupação britânica de Wolfsburg. Sua inventividade foi, durante muito tempo, considerada o ponto de partida da história da Kombi. No entanto, seu maior crédito deveria ter sido sua atuação para a retomada da produção do Fusca após a era nazista, uma ação que garantiu a existência da Volkswagen a longo prazo.

Acima: Os irmãos Pon, com Wijand à direita e o entusiasmado empreendedor Ben à esquerda. A determinação de Ben em adquirir Fuscas para sua revenda rendeu-lhe a amizade de Ivan Hirst e, por fim, a criação do Plattenwagen. A partir daí, nasceu um esboço histórico.

À direita: O Plattenwagen – o primeiro veículo improvisado de Ivan Hirst para transportar de tudo dentro da fábrica, e a suposta inspiração para o conceito da Kombi.

um negócio bastante lucrativo para se começar. Brilhante, extrovertido e cheio de astúcia para cativar os que realmente importavam em Wolfsburg, ele conseguiu atrair a atenção de Hirst e, quase como mera consequência, a do coronel Charles Radclyffe, o oficial superior deste e depois uma figura crucial que viria a impedir Pon de realizar seu mais novo sonho. Após um começo conturbado, alguns Fuscas foram enviados para a Holanda, e o relacionamento entre Wolfsburg e Amersfoort se estreitou.

Durante uma de suas frequentes visitas à fábrica, Pon encontrou um veículo chamado Plattenwagen, ou seja, "carro plano". O engenho foi fruto da inventividade de Hirst. Com algumas empilhadeiras emprestadas do exército para movimentar materiais pela fábrica, chegou o momento, inevitável, em que os equipamentos foram requisitados de volta para executar trabalhos em outros lugares, e sua retirada colocou em risco a capacidade da fábrica de produzir Fuscas, mesmo a passo de tartaruga. Com a audácia de entusiasta amador e a criatividade de um comandante bem-sucedido em escaramuças, Ivan Hirst teve a ideia de pegar um Kübelwagen, ou chassi de Fusca, colocar sobre ele na posição longitudinal uma chapa plana em uma extremidade e construir na outra ponta uma plataforma para o banco do motorista. Tão grande foi o sucesso deste chassi tubular de aço desenhado para apoiar uma plataforma de carga, que o Plattenwagen, de um jeito ou de outro, ainda era usado em Wolfsburg durante os anos 1970.

Ben Pon não só ficou impressionado com o que viu naquela visita como também divisou ali uma oportunidade de negócio inexplorada. Tão logo pôde, tentou obter um certificado de homologação para aquele veículo transitar pelas ruas da Holanda, um país que só utilizava veículos de entrega movidos a pedais, conhecidos como bakfiets. A licença foi negada pela Dutch Transport Authority, a autoridade de transportes holandesa, por conta de uma regra que determinava que o motorista deveria se sentar na dianteira de qualquer veículo. Pon não se conformou com a negativa para um meio de desenvolver facilmente seu negócio e os ganhos que seriam gerados com ele. Com a imaginação a toda, planejou um encontro posterior com Hirst em Minden, na Westfalia, durante o qual desenhou seu agora famoso esboço.

Motors considerou inaceitável. Foram estabelecidos novas regras, regulamentos e restrições para racionalizar as atividades e cortar o excesso de independência. A franquia Pon, como muitas outras, não se sentiu capaz de operar naquelas condições e rescindiu seu contrato, tornando-se agente da American Federal Trucks. Esse arranjo era menos lucrativo, e foi aí que Ben Pon fez sua primeira tentativa de negociar um acordo com Porsche e os nazistas. Graças à sua grande persistência, foram realizadas reuniões com oficiais de alta patente, resultando na alegada concessão a Ben Pon da franquia holandesa para as vendas do KdF-Wagen. Seu triunfo, se é que o foi, mostrou-se pouco duradouro, quando o começo da guerra acabou com a produção do KdF-Wagen civil.

Após a guerra, depois de dizer que não queria nada com a Alemanha e seu povo, Pon foi atrás dos britânicos com o objetivo de, mais uma vez, tentar conseguir a distribuição de Fuscas para a Holanda,

DESENHO, DESENVOLVIMENTO E LANÇAMENTO DE UMA LENDA

Ivan Hirst recordou os acontecimentos de 23 de abril de 1947 durante um almoço em meados de 1999. Pegando um guardanapo de papel e tirando um lápis do bolso do cardigã um tanto folgado que ele adorava usar, o ex-major da REME reproduziu uma imagem idêntica à do esboço de Pon. Como no original, as linhas do desenho guardavam uma notável semelhança com o veículo que conhecemos hoje, a Kombi da primeira geração. A essência do veículo rascunhado era uma estrutura com formato de caixa projetada para transportar cargas de até 750 kg, com o que parecia ser uma seção frontal arredondada. O motorista e os eventuais passageiros se sentariam sobre as rodas dianteiras, enquanto o motor ficaria na traseira, montado sobre o eixo de forma conveniente e facilmente acessível para manutenção de rotina e reparos, por meio de uma grande tampa que se abria para cima. Ivan Hirst recordou seu entusiasmo com o processo de criação da nova Kombi e seu irresistível desejo de colocar aquele veículo em produção o mais rápido possível. No entanto, para o major entusiasta e para o ambicioso e oportunista Pon, havia um obstáculo em seu caminho comum.

O coronel Charles Radclyffe era servidor do governo militar, a Comissão de Controle para a Alemanha, ou CCG. Baseado no quartel-general de Minden, ele foi designado para a Divisão de Engenharia Mecânica da Divisão Industrial da CCG, e era o responsável pela engenharia leve na ocupação britânica, um campo que abrangia a produção de veículos e, por mais que mera pertinência, o Fusca em Wolfsburg e seus funcionários, chefiados por Ivan Hirst. Entretanto, Radclyffe endureceu seu controle sobre a antiga fábrica da KdF, obrigando o major Hirst a se reportar diretamente a ele. Um consenso entre os historiadores é a confirmação da visão que Hirst tinha de Radclyffe como um homem sábio, gentil, muito respeitado e de grande experiência. O escritor Simon Parkinson, que se encontrou com o major em diversas ocasiões, chegou até a sugerir que Hirst via Radclyffe como alguém que conduzia os gerentes de Wolfsburg em um ambiente de quartel-general, onde, como ocorre com frequência, o ponto de vista dos subordinados em geral é ignorado.

Diante dessa cordialidade, Hirst e Pon devem ter sofrido um amargo desapontamento quando o coronel decretou que a ideia da Kombi era totalmente impraticável, rejeitando-a sem qualquer tipo de debate ou discussão, no mais puro estilo militar. Diante de um quadro de queda na produção do Fusca, de carros carregando uma péssima reputação por conta de erros e de uma fábrica na maior parte ainda em más condições, Radclyffe, responsável por autorizar novos projetos que demandassem mão de obra adicional ou recursos extras, considerou que a pressão sobre a fábrica sobrecarregada seria grande demais. Da mesma forma, reconheceu que os fornecedores externos de componentes não estavam capacitados a lidar com uma demanda maior em sua produção. Radclyffe também pode ter levado em conta dúvidas, embora decrescentes, a respeito da sobrevivência futura da Volkswagen e a escassez de recursos para o desenvolvimento de um projeto daqueles, embora nenhuma dessas sugestões seja lembrada como razão válida para a recusa.

O papel de Ben Pon na história da evolução da Kombi foi, assim, sumariamente encerrado, com seu esquema ambicioso, mas bastante factível, naufragando diante do primeiro obstáculo. Os planos do major Hirst também se encerraram e a obstrução a ele foi considerada permanente. No entanto, ao contrário de Pon, ele tinha mais uma importante tarefa a executar, um dever que se mostraria crucial para o papel fundamental que a Volkswagen teria na recuperação da economia da Alemanha no pós-guerra e que garantiria que seu sonho de um veículo comercial se tornasse realidade.

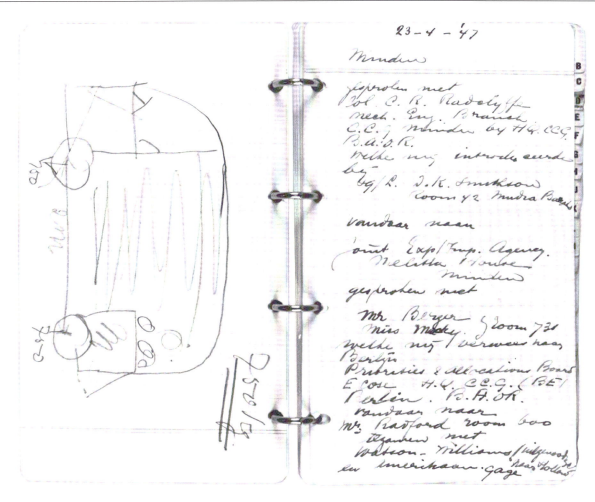

Acima: Em sua visita a Wolfsburg, em 27 de abril de 1947, Ben Pon fez um rápido esboço de um pequeno veículo comercial que desejava muito. Impressionado, Hirst levou a ideia ao seu oficial superior, de quem não obteve aval. Teria sido o veículo parecido com a Kombi no rascunho o conceito no qual os futuros protótipos se basearam?

A chegada de Heinz Nordhoff

Abaixo: Heinz Nordhoff, diretor-geral da Volkswagen de 1948 até sua morte, em abril de 1968. Se ele usou o esboço de Pon ou se começou tudo a partir de uma folha em branco, é algo que não conta muito, uma vez que foi ele quem levou a ideia da Kombi para a realidade da linha de produção em tempo recorde, e isso é o que conta!

A percepção emergente de que a fábrica da Volkswagen tinha um futuro realista e autônomo motivou seus guardiões britânicos a tomar medidas apropriadas para reforçar sua eficiência. Embora Hirst estivesse ciente da inadequação do advogado berlinense Hermann Münch, indicado para cuidar da fábrica como depositário legal na falta de um proprietário – mas que muita gente viu, e continua vendo, como uma necessidade, mais do que alguém interessado ou grande conhecedor no campo da fabricação de automóveis –, é mais provável que tenha sido Radclyffe quem determinou o rumo da história ao insistir para que funcionários experientes fossem levados para Wolfsburg.

Se Ivan Hirst aspirava ou não a uma posição permanente na incipiente fábrica da Volkswagen no pós-guerra, é algo controverso. A versão oficial é, sem dúvida, que ele não queria nada, uma situação com a qual Ivan iria concordar anos mais tarde. No entanto, suas observações cáusticas ocasionais a respeito do homem que foi de fato seu sucessor podem sugerir o contrário. O que Radclyffe sabia, apesar de a estrela de Hirst brilhar forte naqueles tempos, era que seu vigoroso desempenho amador, tão bem-sucedido em tempos de adversidade momentânea, impediu resultados palpáveis quando a fábrica caminhava para a sobrevivência estabelecida, garantida.

Seja qual for a verdade, após entrevistas detalhadas, Hirst não hesitou em recomendar Heinz Nordhoff para o cargo principal na Volkswagen. Fortuitamente para todos os interessados, este ex-diretor da Opel descobriu – num momento crucial, em que estava prestes a rejeitar o assédio dos britânicos – que nunca mais poderia voltar a trabalhar para sua antiga empregadora. Seu pecado, no que toca aos americanos (a sede da Opel estava situada dentro do território ocupado pelos Estados Unidos), foi ter recebido dos nazistas uma pequena honraria, concedida por seus serviços na fabricação de caminhões durante a guerra. Embora nem mesmo fosse membro de carteirinha do odiado Partido Nazista, e nem sequer apoiador, abertamente ou de qualquer outra forma, das atividades de Hitler, seu destino estava, todavia, selado.

Quando Radclyffe confirmou a indicação de Heinz Nordhoff como diretor-geral da operação de Wolfsburg, em novembro de 1947 (assumindo em 1º de janeiro de 1948), ele contratou os serviços de um incansável viciado em trabalho e empresário dedicado, que conhecia como a palma da mão muito mais que o simples funcionamento da indústria automobilística, em todos os aspectos.

Após a graduação como engenheiro mecânico, Nordhoff passou a trabalhar na BMW, em 1925, mas quatro anos depois foi para a Opel, onde sua primeira tarefa foi escrever os manuais de serviço, um cargo que requeria tanto seus conhecimentos técnicos como sua capacidade de trabalhar de forma lógica e minuciosa. Deste ponto de partida, sua primeira promoção foi para chefe de departamento na organização de serviços de manutenção da Opel. Além de muitas vezes trabalhar sete dias por semana, ele era conhecido por passar suas férias nas linhas de montagem da empresa. Esse potencial não passou despercebido, e Nordhoff teve a merecida honra de ser enviado aos Estados Unidos para estudar técnicas de produção e vendas à moda de Detroit. Dos cargos de consultor técnico e gerente de vendas, ele foi conduzido ao conselho de administração da Opel, em 1936. Três anos depois, mudou-se para Berlim, a fim de dirigir o escritório da Adam Opel e, três anos mais tarde, ele já havia sido indicado para diretor-geral da Opel-Werke, em Brandenburgo, que, naquela época, era a maior fábrica de caminhões da Europa.

Foi com essa bagagem de conhecimento, culminando na responsabilidade pela produção de 4.000 caminhões por mês, que Nordhoff, então com 48 anos, foi trabalhar na Volkswagen. Sua tarefa, como Radclyffe sem dúvida decidiu, era transformar Wolfsburg de uma fábrica desorganizada, que produzia uma quantidade insignificante de carros para seu enorme tamanho, e dependente, em maior ou menor grau, de ajuda britânica e subsídios, em uma empresa viável, geradora de caixa e capaz não só de se manter, mas de dar uma contribuição genuína à riqueza da nação alemã. O cumprimento dessa missão está na essência da história da épica ascensão do Fusca de uma esquisitice desapreciada e imperfeita para um veículo conhecido no mundo todo e indubitável concorrente ao título de carro do século XX.

A quantidade de questões envolvendo o início do comando da Volkswagen por Nordhoff era mais que suficiente para manter ocupado o mais insaciável viciado em trabalho. Mas o diretor-geral enxergou a oportunidade de desenvolver um segundo produto para aquela linha de produção de um só veículo e preencher aquele vazio quase tão grande quanto a capacidade de produção destinada ao Fusca.

Entendendo a história da Volkswagen

É necessário fazer aqui um aparte essencial para se entender como a Volkswagen interpretou sua própria história durante vários anos, e por que sua história é contada em detrimento do diretor-geral da indústria durante vinte anos.

Ao longo da maior parte de suas duas décadas no cargo, Heinz Nordhoff obteve muito sucesso, transformando uma fábrica sem dono, semidestruída, em uma das companhias mais poderosas e produtivas, não só na Alemanha, mas mundialmente. A Volkswagen contribuiu em grande parte para o milagre econômico que foi a Alemanha Ocidental nos anos 1950 e 1960. Somente os enormes conglomerados americanos da Ford e da General Motors produziram mais veículos que a Volkswagen, e o Fusca ainda forjou seu caminho para o mercado americano, tornando-se, no processo, nacionalmente famoso. Mais carros desse modelo foram vendidos nos Estados Unidos do que a soma de todos os outros carros importados, e tão grande foi o desafio para Detroit que também tiveram de criar veículos compactos na tentativa de estancar a enxurrada. O Fusca de Nordhoff, com sua eficiente e bem-sucedida Kombi a reboque, conquistou o mundo. Ele conseguiu o que Hitler se mostrou incapaz de fazer!

Tamanho foi o triunfo de Nordhoff que, durante uma década, por maiores que fossem os recursos e esforços destinados ao aumento da produção, a demanda pelos carros da Volkswagen ainda superava a oferta. Os publicitários da empresa veicularam mensagens comemorando a conquista – quem mais teria feito a pergunta "Por que a Volkswagen é a favorita em 136 países?" A outrora superdimensionada e admirada fábrica nazista de Wolfsburg, um lugar que nunca teria sido utilizado de forma adequada, mesmo com os ambiciosos planos do Terceiro Reich, estava operando em plena capacidade. Nordhoff preparou-se para esse momento quando construiu uma fábrica em Hanover para a produção da Kombi e, em meio a outros planos, distribuiu tarefas especiais entre outras fábricas do império em rápido desenvolvimento da Volkswagen, uma delas em Emden, comprometida em atender às necessidades de produção para o mercado americano. A consequente redução da dependência de Wolfsburg aliviou a crescente pressão sobre a demanda de força de trabalho local ao abrir novos postos de trabalho fora da área de recrutamento da matriz.

Enquanto Nordhoff conduzia a Volkswagen a uma velocidade alucinante a patamares cada vez mais altos, suas relações públicas e pessoais eram cuidadosas e habilmente conduzidas por Frank Novotny. Um empresário por mérito próprio que havia chegado a Wolfsburg quase por acidente, dois anos antes de seu chefe, Novotny havia criado um departamento de assessoria de imprensa mediante o simples expediente de colar um pedaço de papel a uma porta de escritório. Sem dúvida, ele criou o culto de veneração a Nordhoff, maquinando meios de retratar o diretor-geral como líder supremo, figura paterna e monarca. Foi o responsável pelos extraordinários trabalhos fotográficos dos anos 1950, que mostravam Nordhoff posando acima de seus modelos humanos e automobilísticos. De maneira semelhante, Novotny planejou as extraordinárias comemorações em torno da chegada do milionésimo Fusca, em 1955, cerimônias nas quais Nordhoff era apresentado como uma figura quase divina, cujas entradas encenadas eram vistas quase como milagres por todos, exceto os descrentes da plateia.

Uma combinação dos reconhecidos conhecimentos de Nordhoff, sua aplicação dos métodos americanos de produção em massa, a dedicação absoluta ao trabalho, a aura que Novotny construiu ao seu redor e, motivo principal de tudo, os resultados que ele gerava levaram o diretor-geral a ser homenageado pelo governo, por instituições acadêmicas, por sua cidade natal adotiva e por países de outros continentes. Assim como seu Fusca, ele havia sido transformado de exímio empresário em fenômeno.

No entanto, apesar dos rumores contrários, Nordhoff não era imortal, e embora muitos acreditassem que quando atingisse a aposentadoria, aos 65 anos, em janeiro de 1964, ele deixaria a idade de lado e continuaria trabalhando, outras pessoas se perguntavam por quanto tempo ele permaneceria no cargo.

Em 1966, quando o tumulto financeiro da recessão atingiu a Alemanha e boa parte do restante da Europa, numa progressão que levou a um sentimento de desesperança nos primeiros meses de 1967, Nordhoff considerou as ações do governo alemão impróprias e – sem dúvida inspirado pelas afirmações de Novotny a respeito de sua infalibilidade – declarou isso sem rodeios. Como consequência, enquanto a Ford e a Opel demitiam um grande número de funcionários, o benevolente rei do império Volkswagen recusou-se a tomar atitude semelhante e, em vez disso, incentivou curtas semanas de trabalho para todos e a produção de uma versão básica do Fusca, logo chamada de *Der Sparkäfer*, ou "Fusca barato". O carro rendeu pouco dinheiro à Volkswagen, mas serviu bem como exercício de relações públicas, mantendo o Fusca na lembrança do público. Nesse ínterim, Nordhoff atacava a política de Bonn de aumentar os impostos sobre a gasolina e as taxas de juros (estas em torno de 12,5%) e condenava a decisão de reduzir à metade o benefício obtido por quem dirigisse um carro para ir e voltar do trabalho. Como alternativa vantajosa, ele requeria que os impostos sobre a propriedade de veículos fossem abolidos, ao menos por algum tempo, uma medida que não só permitiria aos proprietários de veículos poupar uma quantia razoável de dinheiro, mas que também estimularia a venda de automóveis. Isso, por sua vez, impulsionaria toda a cadeia ligada ao suprimento de materiais para a fabricação de carros, bem como de qualquer um que dependesse dela.

O inevitável contra-ataque partiu de Franz-Josef Strauss, político bávaro que havia assumido o cargo de ministro das Finanças no governo de coalizão. Com toda a astúcia de um animal acuado, Strauss atacou Nordhoff por ter produzido carros demais e ideias de menos; por permitir um estado de coisas em que apenas 30% da produção eram adquiridos pela população alemã e por tolerar a crescente dependência da Volkswagen do mercado americano.

Ainda não satisfeito, o político elevou a retórica. "Duas maravilhosas iniciais na tampa do porta-malas de um veículo não compensam sua falta de conforto", zombou, antes de acusar Nordhoff de "acumular enormes reservas financeiras por vários anos", em vez de desenvolver novos produtos. Com a ajuda de um jornal que lhe era simpático, o *Bild*, ele alardeou repetidas vezes que a "Volkswagen dorme; a Volkswagen dorme".

Embora esses ataques verbais não tivessem o condão de infligir nenhum mal duradouro a Nordhoff, Strauss teve a sorte de dispor de outras armas em seu arsenal. A idade, como já havia sido mencionado, era uma desvantagem para Nordhoff, e muita gente sabia que ele não estava muito bem de saúde desde dezembro de 1966. Em meados de 1967, seus longos e árduos anos de trabalho finalmente pesaram. Nordhoff sofreu o que alguns disseram ter sido um severo ataque cardiocirculatório, enquanto outros diziam que sua saúde havia apenas sofrido um grande abalo. Qualquer que fosse a verdade, de maneira inédita, ele se ausentou de seu escritório até o final de outubro e, ao retornar, não só apresentava dificuldade de fala como estava também praticamente surdo.

Strauss foi afortunado em dobro por já ter aliados instalados na organização Volkswagen. Um deles era Josef Rust, um industrial e ex-assessor do político bávaro quando este ocupou o cargo de ministro da Defesa. Em junho de 1966, Rust foi alçado de vice-presidente a presidente do Conselho de Supervisão da Volkswagenwerk AG, e houve grandes rumores de que uma de suas principais tarefas seria facilitar a aposentadoria do diretor-geral. Em relação a isso, Nordhoff fez saber que pretendia deixar o cargo no começo de 1969, mais ou menos na ocasião de seu 70º aniversário. De pronto, com facilidade, as forças contrárias a ele asseguraram a saída de seu antigo protegido e possível sucessor Carl Hahn, e, triunfantes, nomearam em seu lugar Kurt Lotz, um sujeito sem nenhum conhecimento da indústria automobilística, mas sem sombra de dúvida leal a seus inimigos políticos.

Nordhoff não se aposentou, mas acabou morrendo em seu escritório na Sexta-feira Santa, 12 de abril de 1968. Um mês antes, ele havia se esforçado demais e, após apressar-se para fazer um discurso em Baden-Baden, teve um colapso em um avião turboélice da empresa, onde recebeu oxigênio antes de ser levado às pressas para o hospital municipal de Wolfsburg.

Lotz mostrou-se um desastre sem precedentes como sucessor de Nordhoff, e o outrora tão lucrativo império da Volkswagen rapidamente se transformou em motivo de preocupação, gerando lucros pouco mais que apenas simbólicos. Enquanto seu único objetivo no cargo parecia ser livrar a Volkswagen do Fusca, Lotz não fez nenhum progresso palpável nesse sentido, apenas introduzindo o desastroso, ruim e mal projetado K70, de alto custo de produção; um veículo que ele adquiriu com a compra da fabricante alemã NSU. Sua contribuição para a história de Nordhoff foi o pessimismo. Logo disse que a Volkswagen havia permanecido "imutável sob o comando de um mesmo diretor durante os últimos vinte anos", enquanto em outras ocasiões frisou a necessidade de "mudar de um monólito para um produto multifacetado". Lotz, convicto, sugeriu que "a única chance de a Volkswagen sobreviver" seria com um novo carro.

Com o fim da recessão, o aumento da produção do Fusca e excelentes vendas em uma grande variedade de países, e não somente nos EUA, passaram despercebidas por Lotz. Em vez disso, ainda motivado pelas antigas doutrinas dos inimigos de Nordhoff, ele, numa zombaria, disse que o impacto do Fusca "tendia a arrefecer em alguns mercados". Felizmente, todavia, a permanência de Lotz no cargo foi curta e ele foi demitido apenas quatro anos depois. Seu sucessor, Rudolph Leiding, um homem da Volkswagen sob todos os aspectos, teve de cumprir a inevitável tarefa de arrumar a bagunça deixada por ele. Um processo que quase deixou de joelhos o gigante enfraquecido quando registrou uma enorme perda de 807 milhões de marcos em 1974. No entanto, embora pareça claro que Leiding fora convidado a assumir o cargo no início de janeiro de 1975, as medidas necessárias para corrigir os erros de Lotz já haviam sido tomadas antes. Uma coleção de novos modelos, encabeçada pelo Golf, estava disponível, e a fábrica podia antever tempos mais prósperos à frente. A Volkswagen havia sido recuperada, mas não a reputação de Nordhoff, arruinada pelos mentores políticos de Lotz e pelos sabujos encarregados de propagar a falácia da incapacidade do antigo diretor-geral.

Abaixo: O tremendo respeito por Heinz Nordhoff é ilustrado em três imagens reproduzidas nestas duas páginas. O caixão de Nordhoff foi colocado em um dos saguões da fábrica, e grandes grupos de funcionários fizeram fila para prestar-lhe suas últimas homenagens.

DESENHO, DESENVOLVIMENTO E LANÇAMENTO DE UMA LENDA

Embora essa digressão possa parecer extensa e ter chegado a um beco sem saída, nada poderia estar mais distante da verdade. Os historiadores da Volkswagen persistem, em maior ou menor grau, em seguir as falácias geradas à época de Lotz, como confirma uma afirmação mais ou menos recente:

"Foi durante esse período, [quando] a principal vantagem competitiva da Volkswagen – a produção em massa de um modelo [...] – ameaçava se tornar uma grande desvantagem [...] que a era Heinrich Nordhoff terminou. Ele se apoiou no Volkswagen Sedan, que durante a sua vida foi aperfeiçoado como o tecnicamente maduro Fusca, além de uma combinação de produção em massa e a orientação do mercado global, conduzindo a Volkswagen ao auge da indústria automobilística europeia. Para manter sua posição, foram necessárias mudanças de longo alcance após a morte de Nordhoff [...]" (Markus Lupa. *Volkswagen Chronicle*, vol. 7, Departamento de História Corporativa da Volkswagen AG.)

Esta prolongada depreciação das realizações de Nordhoff, a repetição persistente da falácia de que foram suas políticas que levaram a Volkswagen à beira de um desastre em meados dos anos 1970 e o peculiar fato de não lhe atribuírem o crédito pelo mais notável milagre econômico que tornou a Alemanha novamente uma grandeza têm consequências diretas na narrativa da história da Kombi. Poucos, se é que alguém o fez, reconhecem que sem Nordhoff não teria existido a Kombi; que a ideia de Ben Pon era exatamente aquela, um esboço num pedaço de papel, descartado pelo coronel Radclyffe como impraticável.

Até Ivan Hirst, em seus últimos anos, fez sua parte na retirada dos méritos de Nordhoff. Numa conversa com o célebre escritor Laurence Meredith, ele pareceu ter esquecido a recusa de Radclyffe em autorizar o desenvolvimento da ideia de Pon: "Nós tínhamos de fazê-la, de um jeito ou de outro. Ben Pon estava certo; os empresários necessitavam de um meio de transporte para carregar ferramentas e equipamentos. A recuperação da infraestrutura da Alemanha após a guerra não era algo fácil e, naturalmente,

À esquerda: Havia filas de funcionários e cidadãos nas ruas de Wolfsburg quando o cortejo fúnebre liderado por uma picape de segunda geração preparada para a ocasião, com acabamento luxuoso, percorreu o trajeto até a igreja de São Cristóvão.

levaria algum tempo, mas a Kombi iria por fim desempenhar um papel vital na recuperação da economia do país". Embora essa conclusão possa ser consistente com evidências históricas, a origem de como a situação se desenvolveu parece ter sido adaptada para prejudicar o papel crucial desempenhado por Nordhoff, em consonância com declarações oficiais de Wolfsburg, do final dos anos 1960 e durante os anos 1970.

Apenas uma minoria reconhece a condução de Nordhoff e sua habilidade em colocar um novo veículo em produção, e somente alguns vlorizam sua decisão de transferir a produção da Kombi para uma fábrica dedicada somente a ela. Muitos ignoraram completamente sua habilidade em descartar um modelo – nesse caso, a primeira geração da Kombi –, quando ele se tornou obsoleto, em favor de outro inteiramente novo. No entanto, é chegada a hora de restabelecer a verdade. Heinz Nordhoff não foi apenas o "sr. Fusca"; foi também a "mola propulsora" da Kombi.

Abaixo: Cenas como estas nunca haviam sido vistas em Wolfsburg. Os que escolheram denegrir o nome do grande homem têm muito de que se desculpar.

17

O segundo carro da Volkswagen

Heinz Nordhoff, sem dúvida, acreditava na eficácia de longos discursos dirigidos a seus funcionários, à imprensa e a qualquer um que tirasse proveito de sua reconhecida habilidade de disseminar informações. Algumas pessoas consideravam seu comportamento geral como beirando o autocrático, mas a evidência tangível de seus discursos que resistiram ao tempo sugere, no mínimo, o contrário. Quem tiver o privilégio de conhecer os arquivos de Wolfsburg vai ver várias páginas de textos bem datilografados com notas a lápis numa caligrafia elegante quando o diretor-geral revisava e ensaiava o que planejava dizer. Felizmente para qualquer historiador do surgimento da Kombi, a fala de Nordhoff à imprensa "na ocasião da apresentação dos novos furgões Volkswagen", proferida em 12 de novembro de 1949, é uma entre as várias que ainda existem. Tão essencial é o seu conteúdo para a compreensão do surgimento do segundo Volkswagen que todos os parágrafos fundamentais estão registrados aqui, ao passo que seria um pecado deixar de incluir tanto as informações de fundo como as análises, quando apropriado.

Uma preliminar necessária é avisar o leitor de que vários modelos pré-produção – com pintura que mal tinha acabado de secar, o acabamento final sendo feito enquanto eram empurrados até os holofotes para o lançamento na imprensa – estavam à disposição dos jornalistas amontoados para que entrassem neles. Os bons observadores devem ter gostado do fato de a apresentação da Kombi não ter sido de um só modelo, enquanto os precavidos, que levaram uma trena e eram capazes de utilizar habilidades básicas de medição, não devem ter tido dificuldades para preparar uma tabela de especificações simples, semelhante às reproduzidas nos primeiros folhetos de divulgação da empresa para a venda do novo modelo:

"Carroceria unitária rígida, toda de aço" – duas barras longitudinais, cinco barras transversais, superfícies de transporte de carga corrugadas. Comprimento 4.100 mm. Largura 1.700 mm. Altura 1.900 mm. Motor refrigerado a ar de 25 cv.

"Hoje estamos tratando do batismo do novo furgão Volkswagen", anunciou Nordhoff. "Este veículo foi planejado há apenas um ano, durante uma viagem de carro que fiz com o dr. Haesner. Junto com sua equipe, ele merece congratulações por ter desenvolvido o novo veículo da primeira ideia até a produção em cerca de um ano. Como vocês sem dúvida gostariam, pretendíamos aprontá-lo antes, mas foram necessários muitos milhares de quilômetros de testes pelas ermas estradas para o norte e para a fronteira do leste da Alemanha, além das íngremes subidas das montanhas Harz. Quisemos ser muito cuidadosos."

A declaração de Nordhoff de que a Kombi havia sido concebida nos meses finais de 1948 suscita a pergunta se o esboço de Pon teria sido utilizado como preliminar para um trabalho importante. As recordações de Ivan Hirst sobre esse assunto se mostram seletivas, já que ele preferiu acentuar sua percepção de Nordhoff como autocrático, descrevendo-o como "um gato que gostava de andar sozinho". Como o major também descrevia Nordhoff como um homem de horizontes amplos e de grande habilidade, há mais que uma possibilidade de que a

À direita: Protótipos de furgões apresentaram várias características que não chegaram à linha de produção. Entre elas, aletas de entrada de ar verticais em vez de horizontais e tampa externa do tanque de gasolina. A posição do estepe no compartimento do motor logo mudou também. As deformidades artesanais de alguns dos painéis também indicam que o furgão fotografado aqui é, na verdade, um protótipo.

DESENHO, DESENVOLVIMENTO E LANÇAMENTO DE UMA LENDA

suposição a seguir esteja muito próxima da realidade.

Parece inconcebível que, mesmo se Ivan Hirst houvesse ignorado a menção do esboço de Pon quando Nordhoff foi indicado, o holandês não tivesse feito ao menos uma referência passageira à sua existência (e, talvez, até sobre sua rejeição por Radclyffe) na primeira ocasião em que ficou frente a frente com o novo homem no comando.

Em seus esforços gerais para fazer começar a funcionar a ilimitada complicação que eram a produção do Fusca e a fábrica de Wolfsburg, Nordhoff viria a avaliar que seria essencial um maior conhecimento dos métodos de fabricação americanos. Hirst já havia considerado o fortalecimento do que poderia ser chamado de "a equipe do escritório de projetos", e, após uma série de entrevistas, pensou ter encontrado em Rudolf Uhlenhaut o candidato ideal. No entanto, Uhlenhaut – que estava trabalhando em um fábrica de restauração de veículos estabelecida pela REME na Hanomag, em Hanover – tinha outros objetivos, sendo que o principal deles era retomar sua carreira na Mercedes-Benz, e assim recusou de cara a oferta de Hirst.

Naquele momento, a atenção de Hirst se voltou para Alfred Haesner, projetista de furgões e caminhões maiores, cuja carreira até então incluía a passagem pela Phänomen (empresa localizada em Zeta, especializada em veículos comerciais, vendidos sob o nome de Robur no período pós-guerra), e a bem mais conhecida Opel. Ambos se encontraram, mas o resultado da conversa foi nulo, já que Hirst era da opinião de que Haesner não tinha grande interesse em outras coisas além de motores refrigerados a ar. Nordhoff sabia que não era assim, e desta forma indicou Alfred Haesner, de 52 anos, para o cargo de gerente de desenvolvimento.

A permanência de Alfred Haesner na Volkswagen foi curta, pois ele saiu em 1952 para trabalhar na Ford, em Colônia, onde uma de suas primeiras tarefas foi desenvolver o Ford FK-1000, um veículo com capacidade de carga de 1 tonelada, lançado no mercado pela primeira vez em 1953, antecessor direto do primeiro Ford Transit, que não passava de um FK 1000 com outro nome. As preocupações de Hirst a respeito da propensão de Haesner à refrigeração a ar em detrimento de todos os demais aspectos do projeto parecem, portanto, terem sido errôneas, já que o FK-1000 tinha tanto refrigeração a água quanto motor dianteiro.

A assertiva de Nordhoff em sua fala à imprensa de que "nós" havíamos desejado lançar a Kombi antes e a desculpa de que testes exaustivos para aperfeiçoar o veículo foram o motivo principal de uma possível demora mascararam uma questão fundamental, ao mesmo tempo em que mostravam uma característica do diretor-geral que tornava o trabalho a seu lado mais desafiador do que com qualquer outra pessoa: ele era um homem absolutamente dedicado à tarefa do momento e esperava dos que o circundavam um grau semelhante de devoção ao trabalho. Se tal zelo iria fazer com que Haesner resolvesse sair da Volkswagen, ou se a paixão de Nordhoff pelo envolvimento era vista como uma interferência desnecessária pelo gerente de desenvolvimento, e um motivo bastante sério de irritação para justificar sua saída, ninguém saberá. O que está claro é o grau de pressão a que Haesner deve ter sido submetido durante o desenvolvimento da Kombi, conforme testemunham memorandos internos que restaram.

Em 11 de novembro de 1948, num ponto em que o projeto da Kombi mal havia começado, Haesner escreveu para Nordhoff

Acima: Os protótipos eram muito testados. Nordhoff não poderia liberar um produto defeituoso, mas a pressão que ele fazia sobre os funcionários para cumprir seus prazos era tremenda.

19

KOMBI

À esquerda: A vista traseira de um protótipo do furgão. A tampa do tanque de combustível foi removida para atrás da tampa do motor, mas os primeiros veículos produzidos não tinham janela traseira nem para-choque.

solicitando "os serviços de funcionários adicionais". Ele estava lutando para avisá-lo de que "a força de trabalho qualificada que havia era insuficiente", o que tornava "impossível trabalhar em todos os projetos paralelos". Se esta era uma pressão que preocupava o gerente de desenvolvimento, outra deve ter sido o interesse inconveniente e persistente do diretor-geral nas minúcias do desenvolvimento do veículo. Em 7 de fevereiro de 1949, Nordhoff sugeriu dividir o banco dianteiro, oferecendo, assim, a vantagem de um banco removível. Embora nessa ocasião sua proposta não tivesse sido adotada, um tempo de que a equipe não dispunha foi gasto inutilmente com essa mudança desnecessária. Depois, ele requisitou que fosse feita a montagem vertical do estepe no compartimento do motor, observando que ocupava muita área de carga do veículo e, ao mesmo tempo, queria o rebaixamento deste espaço do motor para a instalação de uma chapa extra destinada a isolar o interior da Kombi do calor gerado. Tamanha era a quantidade de instruções a que Haesner tinha de se submeter que até dobradiças de portas mais fortes foram sugeridas, e um protótipo adicional incorporando alguns desses aprimoramentos teve de ser fabricado, pronto para ser inspecionado, até 31 de agosto de 1949.

A frustração de Haesner podia ser notada ainda em outro memorando oficial, datado de 26 de setembro, desta vez pedindo a Nordhoff que fosse realista e retardasse o lançamento da Kombi à imprensa porque o veículo simplesmente não estava pronto. A relutância de Nordhoff em aceitar questões que surgiam com frequência e a pressão contínua que exercia sobre seu gerente de desenvolvimento, embora não fossem mencionadas com clareza, são bastante visíveis.

"Manter a data original de apresentação à imprensa dos quatro modelos pré-produção pressupõe, entre várias outras questões, que os painéis de teto sejam entregues até 10 de outubro", escreveu Haesner. "Além dos quatro modelos necessários que serão apresentados, precisamos de um quinto que podemos experimentar primeiro. Os tetos produzidos até agora para os protótipos experimentais foram feitos à mão, cada um, e não fabricados com prensas e, sendo assim, só podem ser entregues com um formato plano, em vez de curvo, como se pretende para os modelos pré-produção. Em consequência, eles não têm a tensão necessária, o que os deixa sujeitos a enrugamento quando os veículos estiverem em movimento. Portanto, temos de garantir painéis de teto que sejam prensados por máquinas e curvos para os modelos destinados à imprensa."

Somente com enorme relutância diante de um virtual fato consumado, Nordhoff concordou com a nova data, então estabelecida em 6 de novembro de 1949. Mas a história não termina aqui, porque a fábrica que faria a prensagem informou que não poderia executar a encomenda devido a outros compromissos. Diante da perspectiva de enfrentar a fúria de Nordhoff, Haesner interveio e iniciou a tarefa em horas extras. Mesmo assim, os painéis de teto não ficaram prontos até 20 de outubro, e a pintura levou mais tempo do que o programado.

Haesner deve ter chegado quase ao ponto de ruptura em 4 de novembro, quando recebeu de Nordhoff uma elegante nota escrita à mão insistindo na redução do peso total da Kombi. Os desejos do diretor-geral, não

DESENHO, DESENVOLVIMENTO E LANÇAMENTO DE UMA LENDA

obstante, foram atendidos, e Haesner deve ter dado um suspiro de alívio quando, oito dias depois, e após mais uma revisão do prazo, a coletiva de imprensa, por fim, se realizou.

"Antes de decidirmos as especificações básicas e os propósitos deste veículo, realizamos uma cuidadosa pesquisa de mercado", disse Nordhoff. "Devido à nossa inevitável falta de material estatístico oficial, realizamos centenas de entrevistas individuais para termos uma ideia clara do que faltava no mercado, o que nos permitiu recuperar a vantagem que outros países europeus tinham de fornecer à sua população veículos desse tipo."

"Chegamos à conclusão de que a procura não era pelo típico veículo de carga para meia tonelada sobre um chassi de carro, mas, sim, por um com capacidade 50% maior, de ¾ de tonelada, com a maior capacidade possível; uma caminhonete integrada que pudesse ser usada para várias finalidades. Uma carga de meia tonelada é o máximo que um chassi de carro médio suporta, mesmo com suspensão reforçada e pneus maiores, e por isso a capacidade de 500 kg é a mesma para todos os veículos desse tipo. A situação torna-se clara quando se observa um desenho esquemático de um exemplo típico desse utilitário sobre um chassi de carro. A área de carga fica sobre o eixo traseiro, que suporta quase todo o peso e, portanto, logo atinge seu limite natural. Isso também causa uma distribuição bastante desigual sobre o eixo, que depende da distribuição da carga, e, em consequência, causa efeitos negativos sobre a suspensão.

"Não nos pareceu fazer sentido acrescentar um veículo de nossa fabricação a essa categoria. Assim como nosso Volkswagen Sedan é um carro sem compromisso, também deve sê-lo nosso furgão. Portanto, não partimos de um chassi já existente, porque isso teria impedido a solução lógica que desejávamos, mas, em vez disso, começamos pela área de carga – na verdade, muito mais óbvia e original. Este compartimento leva o banco do motorista para frente, e na traseira ficam o motor e o câmbio – essa é a ideia patente, descompromissada, para o nosso furgão, e é assim que ele é fabricado."

Para ser franco, o que Nordhoff disse à imprensa era pura mentira, ou, reconhecendo a habilidade do diretor-geral de apresentar tudo de forma a aumentar potenciais vendas, os problemas verificados nos protótipos primordiais asseguraram que uma solução adequada e opções radicais geraram o resultado pretendido de um veículo único em seu segmento de mercado.

Se não por outro motivo que não a combinação de conveniência e contínuo aperto monetário, o primeiro protótipo de carroceria em escala real foi montado sobre um chassi/plataforma de Fusca. Para obter uma redução final mais curta, esse tipo de veículo precisou de caixas de redução nos cubos das rodas traseiras, projetadas primeiro para o todo-terreno Kübelwagen, e a suspensão foi bem ajustada.

Conversando com o escritor Karl Ludvigsen, Ivan Hirst recordou como o primeiro protótipo havia sido levado para testes, à noite. A segurança devia estar acima de tudo na cabeça dos envolvidos naquela expedição noturna de 5 de abril, mas, como se descobriu, as sombras ajudaram a poupar Haesner e outros de um grande constrangimento. "Quando retornaram à fábrica, de manhã, o protótipo estava 15 centímetros mais baixo", lembrou Hirst.

"O peso da carroceria e a carga romperam a parte traseira da seção plana no centro da plataforma." Não é difícil imaginar a consternação que o colapso do protótipo causou. O cronograma de Nordhoff estava apertado e tanto trabalho já havia sido realizado que começar tudo do zero era impensável. Contudo, estava claro agora que o simples aproveitamento do Fusca com uma carroceria diferente era impraticável.

Nordhoff teria, sem dúvida, informado Haesner a respeito de seus planos para a criação de um segundo Volkswagen para andar em conjunto com o Fusca durante a jornada automobilística mencionada na apresentação à imprensa. Parece impossível imaginar que o diretor-geral não fosse um fervoroso adepto do conceito do Fusca, um carro que ele já havia visto com ceticismo quando entrou pela primeira vez pelos portões da fábrica de Wolfsburg. Além do mais, e como mencionado em parágrafos mais adiante de sua fala para o lançamento na imprensa, ele estaria ciente dos inconvenientes dos furgões convencionais, embora seja provável que a noção de um veículo com várias finalidades estivesse formada, ao menos em parte. Nordhoff

Abaixo: Hoje, um motor de 25 cv parece risível para um veículo do tamanho da Kombi. Em 1949, no entanto, ele não era tão insuficiente, mas, de qualquer forma, Nordhoff não tinha recursos à sua disposição para criar um motor maior!

pode ou não ter notado o potencial do esboço de Pon, ou pode ter dito a Haesner para trabalhar a partir do desenho de Porsche de um veículo com motor e tração traseiros.

Após o encontro com Nordhoff ter se realizado, o trabalho de Haesner no EA-7 (EA significa *Entwicklungsauftrag*, ou "projeto de desenvolvimento") pôde começar, e, em 20 de novembro de 1948, um desenho proposto para o Tipo 29, como a Kombi era então chamada, estava pronto para ser aprovado. Diagramas preliminares representam um veículo semelhante ao esboço de Pon, mas desenhado com a precisão de um especialista, mostrando-o tanto de lado como de cima. As dimensões indicadas davam ao veículo um comprimento proposto de 3.830 mm, uma largura de 1.580 mm, e uma altura total de 1.840 mm, com uma distância mínima do solo de 360 mm. Aletas de entrada de ar verticais foram incluídas acima e um pouco atrás das rodas traseiras, enquanto a posição dos faróis e o formato da cabine e da porta do passageiro eram reconhecíveis e comparáveis aos da Kombi de série da primeira geração.

Duas variantes do formato da cabine foram propostas, ambas apresentando uma ausência total de curvatura, embora uma delas incorporasse uma leve seção de teto projetada. As duas opções dependiam de um desenho retangular com ângulos rígidos, os quais, se houvessem se desenvolvido satisfatoriamente, teriam resultado em custos menores depois. Mas os testes realizados em túnel de vento no Brunswick Technical College demonstraram que nenhuma das opções era satisfatória.

Um relatório datado de 9 de março de 1949 revela que um modelo de madeira na escala 1:10 havia sido construído com formatos de nariz intercambiáveis, ou *bugformen*. O comprimento do modelo era de 0,383 m, a largura era de 0,158 m e a maior área de seção transversal tinha 0,023 m², com uma distância entre eixos de 0,23 m. Os dois formatos originais de frente de cabine tiveram um mau desempenho, produzindo resultados de coeficiente de arrasto (C_x) de 0,75 e 0,77, nesta ordem. Parece que alguém na universidade havia sugerido que uma frente mais curva resolveria o problema; de fato resolveu, e, o relatório final, que reconheceu este último formato de frente como "altamente suave", revelou um coeficiente de arrasto de 0,43.

Seguindo uma descrição breve, mas completa, do desenho essencial da Kombi, Nordhoff prosseguiu em sua apresentação à imprensa com uma declaração sugerindo que sempre houve a intenção de fazer um chassi especialmente talhado para a Kombi. Após o acontecimento desastroso de 5 de abril, Haesner foi pressionado a fazê-lo.

"O furgão compreende uma área principal de 3 m² de assoalho, além de, sobre o motor, mais 1 m², com o volume total de 4,5 m³. Na frente há um banco de três lugares para passageiros e área do motorista com acesso muito fácil e uma imbatível visão da rua. Na traseira, em um espaço amplo, que pode ser trancado e de acesso muito fácil, há motor, tanque de combustível, bateria e um estepe. Em resumo, nem a área de carga nem a do motorista ficam restritas por esses itens.

"Tudo é produzido como uma completa superestrutura de aço autossustentável, com uma área baixa livre para carregamento, utilizando o motor e a caixa de câmbio do Volkswagen Sedan, cujo exemplar nº 75.000 saiu há pouco tempo da linha de produção. No entanto, devido ao maior peso total do furgão, foi utilizado um arranjo diferente da transmissão, uma solução que já foi provada sob as mais duras condições, em milhares de veículos utilizados pelo Exército."

Haesner merece o crédito de ter conseguido algo quase impossível: fazer novos protótipos em menos de seis semanas após o primeiro ter sido arruinado. Talvez por um golpe de sorte, ficaram prontos no mesmo dia em que Nordhoff anunciou que a produção em série da Kombi se iniciaria em 1º de novembro, com o duplo propósito de assegurar que os melhores clientes da Volkswagen pudessem testar o veículo antes de ele estar à venda para o público geral, com um lançamento no Salão de Genebra de 1950, realizado em março.

O novo protótipo era diferente de seu antecessor, embora, demonstrando uma atitude "nada de desperdício", tenha sido reconstruído com cuidado. Duas barras longarinas principais e robustas se apoiavam em cinco barras transversais sob o assoalho e entre os eixos dianteiro e traseiro. Estes, por sua vez, se estendiam para soleiras laterais de desenho tipo caixa, às quais a carroceria com o formato de pão de fôrma da Kombi

era muito bem soldada. Da mesma maneira, os assoalhos de aço da cabine e da área de carga eram soldados às barras transversais; em essência, formando um veículo de chassi monobloco mais ou menos leve e com rigidez torcional.

Como algo à parte deste desenvolvimento crucial, mas não obstante resultante da experiência obtida com o teste inicial, o eixo dianteiro foi reforçado e os amortecedores, aprimorados.

Com testes iniciais rigorosos declarados satisfatórios no próprio campo de testes da Volkswagen, e o segundo protótipo tendo percorrido mais de 12.000 km sem contratempos, os demais testes foram aprovados. Desta vez, os objetivos eram as piores estradas da região da Baixa Saxônia, e, em 15 de agosto, se confirmou que mais veículos deveriam ser produzidos. Oito protótipos foram construídos; os últimos exemplares traziam vários aprimoramentos de detalhes ou mudanças estilísticas, entre as quais a mudança da tampa do tanque de combustível da posição externa para o interior do compartimento do motor (talvez para impedir o furto de combustível numa época de escassez de suprimento) e a troca de seis aletas verticais de entrada de ar por oito horizontais.

Na apresentação à imprensa, Nordhoff se esforçou bastante para enfatizar tanto a natureza inovadora da Kombi como as deficiências inerentes a vários furgões menores e veículos comerciais nas ruas da Alemanha e, por sugestão, em qualquer outro lugar. Com habilidade, usou a seu favor os defeitos descobertos nos protótipos iniciais, condenando essas falhas como características dos utilitários existentes, e não como parte da construção do novo furgão Volkswagen, ao mesmo tempo em que mascarava alguns dos notáveis atributos do desenho de Ferdinand Porsche para o Fusca como sendo dispositivos criados para o novo modelo. Nesse discurso, Nordhoff lançava as bases da estratégia do departamento de marketing para a Kombi por um bom tempo.

"Este veículo pesa 876 kg em ordem de marcha e transporta 850 kg", declarou Nordhoff, "representando, assim, um desempenho sem precedentes para um furgão deste tamanho, com uma relação de peso-carga de 1:1. Com carga total, ele

DESENHO, DESENVOLVIMENTO E LANÇAMENTO DE UMA LENDA

À esquerda: Desde o início, Nordhoff vislumbrou uma linha de veículos com várias finalidades. Este é um protótipo do Micro Bus – o primeiro furgão de passageiros da história do automóvel.

tem uma velocidade máxima de 75 km/h, e capacidade de subida de 22%, com um consumo de combustível de 11 km/l. Tanto sua suspensão quanto sua estabilidade superam qualquer coisa até aqui obtida. Ele pode também transportar as cargas mais delicadas pelas piores ruas, sem que ocorra o menor dano.

"Como isso acontece? [Nordhoff utiliza um diagrama do furgão neste momento.] Neste veículo, a área de carga fica entre os eixos. O motorista na frente e o motor atrás formam uma combinação muito boa em termos de peso. O peso nos eixos é sempre igual, esteja o veículo vazio ou carregado. Isso permite a sincronização de molas, o que não é possível quando se tem cargas variáveis sobre eixos. Isso também faz o melhor uso possível da capacidade de suportar peso sobre as rodas e da capacidade dos freios. Como vocês perceberão, nós nunca tememos nos desviar do que é aceito por tradição para pensar de maneira independente."

Foi nesse trecho de seu discurso à imprensa que Nordhoff mais se aproximou de mostrar as semelhanças da mensagem principal com o esboço de Pon. Embora o holandês não tenha comparecido à apresentação, suas visitas frequentes a Wolfsburg, seu contrato com a Volkswagen como importador oficial dos veículos para a Holanda e sua aliança com Nordhoff como embaixador enviado pelo diretor-geral aos Estados Unidos para vender o Fusca aos americanos podem sugerir que Nordhoff tenha atribuído a ele ao menos uma parte do crédito. Por alguma razão, Nordhoff não achou aquilo necessário, embora houvesse decidido classificar a contribuição de Haesner ao desenvolvimento da Kombi como significativa.

"Nós não escolhemos o esquema de motor traseiro para este veículo por termos nos sentido moralmente obrigados a fazê--lo. Não hesitaríamos em colocar o motor na frente se esta fosse a melhor solução. Não estamos presos a uma visão geral da tecnologia. A famosa disposição de 'motor sobre a cabine' causa uma relação de distribuição da carga tão ruim em um furgão vazio, que jamais seria uma opção. O estado das árvores de beira de estrada em toda a zona britânica mostra como os caminhões do Exército da Inglaterra, construídos com base nesse princípio, se comportam quando não estão carregados.

"Passando para o segundo ponto: com um furgão tradicional enfrenta-se a dificuldade que ele tem de ter suas portas de carga na traseira; nosso dilema é que não podemos fazer isso. No entanto, comparando esses dois cenários, fico feliz com a nossa decisão, porque o acesso lateral para carga é natural e normal – quem imaginaria entrar em um automóvel pela traseira? Nosso furgão não requer nenhum espaço livre quando estacionado para descarregar, e o veículo seguinte pode estar bem atrás dele. A respeito da altura da soleira da área de carregamento, ela está próxima da altura do meio-fio – é muito mais fácil de carregar e descarregar.

"Eu gostaria de mostrar outro aspecto, que se tornará cada vez mais importante com o aumento da quantidade de veículos, isto é, o grau de utilização da área de ruas disponível ao tráfego. Os furgões comuns, fabricados da maneira tradicional, têm uma relação entre área de carga e área total do veículo de cerca de 0,3; com nosso novo furgão atingiremos facilmente 0,5, cerca de 50% mais.

"Nada nesse veículo foi deixado ao acaso, e em nenhum aspecto adotamos soluções fáceis.

"Em sua primeira versão, este veículo apresentava um consumo de 9 km/l em condições gerais de utilização. Um consumo alto demais para nós, que somos da opinião de que não é o custo de aquisição, mas o de operação que determina o sucesso de um veículo. Isso se tornará ainda mais claro após o esperado aumento dos preços do petróleo. Em consequência, fizemos algo inédito com um furgão. Nós o colocamos em um túnel de vento, e o resultado foi que, com pequenos ajustes nas formas, reduzimos o coeficiente de resistência aerodinâmica para C_x 0,4, com o consumo de combustível caindo para 11 km/l."

Nordhoff aproveitava o tempo e os recursos despendidos nos testes em túnel de vento para obter o melhor coeficiente de arrasto possível e da mesma forma mostrava as diferentes vantagens do formato de pão de fôrma da Kombi e a consequente possibilidade de utilização de todo o espaço disponível. Alguns dos outros alegados atributos eram, na realidade, mais uma questão de necessidade, sendo relacionados ao desenho ou às restrições de custos.

Um bom exemplo daquele primeiro aspecto é a afirmação de Nordhoff de que o carregamento pela lateral era muito melhor do que pela traseira. Duas desvantagens do desenho convencional de portas duplas na traseira de um furgão foram percebidas pela Volkswagen. Embora a ênfase de Nordhoff nos benefícios de instalar um motor sobre as rodas de tração traseira fosse válida, o problema que ele criou nunca foi resolvido a contento – não só durante a existência da primeira geração da Kombi, mas até a criação do modelo convencional de quarta geração, em 1990. Talvez o ritmo exigido por Nordhoff para pôr a Kombi no mercado tenha exacerbado o problema, mas o grande compartimento do motor, de tamanho exagerado, prejudicou a possibilidade de portas de carregamento traseiras. A situação melhorou em 1955, quando uma reformulação geral dos componentes que fizeram a fama da Kombi refinou, entre outras coisas, o tamanho do compartimento do motor e facilitou, pelo menos, a possibilidade de carregamento por uma pequena porta à altura da cintura de um adulto.

Associado a esse aspecto negativo do desenho da Kombi, estava o formato "de pé" do motor, um problema que não seria resolvido antes dos anos 1970, e somente porque o motor fora tomado de outro carro que não exigia um desenho essencialmente plano, que permitisse, assim, um espaço de armazenamento adequado acima dele. No entanto, em 1949, Nordhoff estava bem ciente de que não havia dinheiro suficiente para o desenvolvimento tanto de um motor de um formato básico diferente quanto para a questão de maiores níveis de desempenho do que o projetado para o Fusca. A estratégia principal de Nordhoff naquele momento era apresentar ao mundo uma versão para ser desejada, adequadamente acabada para exportação, do que havia sido um carro muito básico. Seu motivo para essa abordagem era simples: para manter a Volkswagen no caminho do lucro a longo prazo, ele tinha de encher seus cofres vazios. Dessa forma, qualquer ideia de deixar de utilizar o motor do Fusca na Kombi estava fora de questão.

Uma hipótese atual teria de ser formulada e inserida no contexto dos anos 1940 e 1950. O motorista dos dias atuais, ou o "homem do furgão branco", pode achar absurda uma potência máxima de apenas 25 cv quando se trata de propelir um veículo das proporções da Kombi. No entanto, uma análise dos veículos contemporâneos que foram sucesso de vendas, ou pelo menos viáveis para seus fabricantes, prova o contrário e demonstra que a Kombi não estava fora do compasso da época em que surgiu. Como exemplos, o volumoso DKW "¾ de tonelada", denominado F89L, foi lançado com apenas 20 cv, o Tempo Wiking era oferecido com um motor Heinkel de apenas 450 cm³ que gerava apenas 17 cv, enquanto o Gutbrod Atlas dos anos 1950 a 1954 podia ser especificado com motor de 800 cm³ ou de 1.000 cm³, desenvolvendo 16 cv ou 18 cv, nesta ordem. Pouca ênfase foi dada tanto à velocidade máxima da Kombi quanto ao tempo que ela levava para ir de 0 a 80 km/h. Isso não era preocupação nos veículos daquela época. Para lembrar – e para corroborar tal afirmação que pode soar estranha –, o motor de 25 cv da Kombi era, sem sombra de dúvida, capaz de fazê-la atingir uma velocidade máxima de 88 km/h, embora com certa demora. Os autores dos manuais da Volkswagen declaravam que consideravam uma "velocidade máxima de longa distância" de 75 km/h como o limite natural do motor. Houve vários avisos sérios a respeito das consequências de se exceder a velocidade máxima, para que, afinal, os proprietários não se sentissem "tentados à imprudência por conta da agradável sensação de segurança absoluta" que eles deveriam sentir "após apenas alguns quilômetros dirigindo a Kombi". Tem-se até impressão de que os autores desses manuais queriam que o texto fosse reproduzido em negrito, acompanhado de um triângulo vermelho! "Não se esqueça de que seria uma completa irresponsabilidade submeter sua Kombi pela estrada à velocidade máxima por horas a fio. Nenhum veículo deste porte consegue suportar um tratamento como esse sem se danificar."

O discurso de Nordhoff à imprensa terminou assim: "O furgão Volkswagen é equipado com tudo o que deve haver em um bom veículo: com vidro laminado em todas as janelas, aquecimento na área do motorista, descongelante de para-brisa, limpadores de para-brisa duplos e todos os acessórios. Hoje, mostramos apenas algumas das inúmeras alterações que o tornam mais fácil de usar.

"Com nosso furgão, criamos um novo veículo de um tipo que nunca havia sido oferecido antes na Alemanha. Um carro que tinha apenas um objetivo: máxima economia e máxima utilidade. Um utilitário gerado não pela visão dos engenheiros, mas, em vez disso, tendo em mente os lucros potenciais que seus usuários finais poderão obter com ele. Um veículo que não construímos apenas para utilizar nossa capacidade plena – o que podemos fazer durante muito tempo com o Volkswagen Sedan –, mas para proporcionar à economia do trabalho um novo e exclusivo meio de aumentar o desempenho e os lucros.

"A vocês, meus caros cavalheiros da imprensa, que foram os padrinhos desse batismo do nosso furgão Volkswagen, peço que o coloquem a caminho com algumas palavras gentis e encorajadoras.

"Sou muito grato por sua consideração e seu interesse. Por favor, entrem em contato conosco a qualquer momento que precisarem. A publicidade, até agora, não foi uma de nossas prioridades mais prementes, mas de agora em diante as relações públicas serão consideradas com muito cuidado."

Uma pequena formalidade ao final: "O furgão Volkswagen de fábrica custa 5.850 marcos. Acredito que será um grande sucesso!"

Criada por Nordhoff e ninguém mais

Embora referências à variedade de modelos planejados ao longo das etapas que levaram ao lançamento da Kombi fossem singulares pela ausência de um discurso de Nordhoff, a evidência física – na forma de mais que um simples furgão diante dos repórteres reunidos – deveria ter sido suficiente para confirmar a verdadeira paternidade da Kombi, se necessário. Ben Pon havia imaginado o que considerava apenas um meio de obter lucros de forma rápida. O sempre imaginativo Ivan Hirst havia levado sua ideia solitária ao seu oficial superior e a coisa parou ali. Nordhoff, por outro lado, com ou sem a ajuda de Alfred Haesner, jamais tivera a intenção de que um segundo Volkswagen fosse apenas um furgão. Sua visão era a de uma linha de veículos, uma variedade de modelos que utilizariam a mesma carroceria básica.

Os anais da Volkswagen revelam que, após o sucesso do segundo protótipo em seus testes de confiabilidade, Nordhoff ordenou a construção de mais unidades, que deveriam estar disponíveis até 15 de outubro de 1949. Ele ordenou que a linha deveria incluir uma picape, um micro-ônibus de oito lugares, uma ambulância e um veículo para uso do correio alemão. Em outras palavras, ele queria produzir Kombis capazes de transportar mais passageiros do que seria possível com o Fusca ou qualquer outro carro da época. De forma semelhante, queria uma variante da Kombi que fosse um carro de trabalho sem as restrições de uma área anexa para produtos, já que via especificamente a Kombi como a base de uma linha de veículos adaptados para finalidades específicas. Embora motivos de ordem prática impedissem a produção de um espectro de modelos tão amplo para o lançamento para a imprensa, o furgão não ficou sozinho. Ele foi acompanhado do Achtsitzer, ou oito-lugares, e uma notável, embora solitária, combinação de furgão para carga e passageiros. Com essa iniciativa, Nordhoff criou um novo gênero de veículo, e sua dinâmica determinação asseguraria que variações da Kombi surgiriam o mais rápido possível dali em diante.

À esquerda: A jovem máquina publicitária da Volkswagen teve sua capacidade exigida ao máximo com o lançamento da Kombi. Aqui, Nordhoff explica a um grupo de jornalistas como a área de carga foi desenhada para se situar entre os dois eixos.

A PRIMEIRA GERAÇÃO
1949–1967

Um ícone, ontem e hoje

Durante quase 18 anos, a Kombi da primeira geração carregou a fama de ser o veículo multitarefa da Volkswagen. Como uma cria da era Nordhoff, na verdade como sua queridinha, ela esteve no centro da história da pobreza à riqueza que as iniciais "VW" significavam. Após um período inicial de rápido desenvolvimento de variantes, com mais opções especializadas surgindo à medida que os anos passavam, os números da produção floresceram e cresceram. Fora do leque de variedades planejadas, uma das opções foi inspirada num Camper, cuja criação trouxe uma quantidade considerável de negócios para a Volkswagen.

Após uma grande remodelagem em 1955 – uma renovação que criou um veículo melhor em todos os aspectos –, um ano depois a Kombi mereceu uma fábrica dedicada apenas à sua produção. No entanto, o objetivo principal da empresa era tornar o Fusca um veículo reconhecido e encontrado em todo o mundo. Mas, quando as vendas começaram a mostrar sinais que prenunciavam um declínio, apesar de um programa em andamento de aprimoramento contínuo, Nordhoff foi implacável na busca de um substituto.

À direita: O tamanho da tampa do motor das primeiras Kombis fez com que os atuais entusiastas as chamassem de modelos "porta de celeiro".

À venda ao público em Genebra

Com conhecimento público da Kombi graças ao lançamento na imprensa, Nordhoff deu instruções para que toda a produção do furgão fosse feita a tempo para o Salão de Genebra de março de 1950, onde poderia haver interessados e até pedidos a serem feitos pelo público geral. Da mesma forma, teria de haver um progresso rápido para o cumprimento da promessa de desenvolver veículos para finalidades variadas. Entretanto, tamanho era o cuidado para salvaguardar a reputação que a Volkswagen estava construindo com seu Fusca que, apesar dos rigorosos testes dos protótipos da Kombi realizados no segundo semestre de 1949, Nordhoff determinou que alguns furgões deveriam ser rapidamente aprontados em fevereiro de 1950 como veículos de testes para uma seleção escolhida a dedo de seus mais importantes clientes.

No entanto, Alfred Haesner, ocupado como estava não só com o aperfeiçoamento do furgão, mas também com outros

À esquerda e abaixo: Antes de novembro de 1950, todos os veículos (a linha era composta de furgões, Kombis e micro-ônibus) ostentavam um grande círculo com as letras VW na traseira.

modelos, cujo lançamento era iminente, ainda encontrou tempo para atuar como embaixador residente do veículo e enaltecer a versatilidade da Kombi. "Projetado para cidade e campo, distâncias curtas e longas, autoestradas e trilhas no campo, mercadorias e passageiros, varejo e indústria [...] este veículo comercial é adequado a todos os setores de atividades, entregas expressas e transporte de cargas, por exemplo, como um miniônibus, veículo de propósito especial, carro postal, ambulância ou lojas móveis." Sua intenção, com certeza, era apoiar a apresentação visual anterior de Nordhoff, de novembro, enfatizando a versatilidade do novo Volkswagen.

A história tem sido generosa com os seguidores da Kombi, havendo ainda informações disponíveis sobre as vendas iniciais. A primeira venda oficial foi feita em 8 de março de 1950, com o veículo de chassi nº 000014, e foi despachada

Números de produção 1951-55

Ano	Furgão	Micro Bus	Micro Bus De Luxe	Kombi	Picape	Ambulância	Total
1951	6.049	2.805	269	2.843	1	36	12.003 (48,9% de aumento sobre 1950)
1952	9.353	4.052	1.142	5.031	1.606	481	21.665 (80,1% de aumento)
1953	11.190	4.086	1.289	5.753	5.741	358	28.417 (31,1% de aumento)
1954	14.550	5.693	1.937	8.868	8.562	589	40.199 (41,5% de aumento)
1955	17.577	7.957	2.195	11.346	10.138	694	49.907 (24,4% de aumento)

de Wolfsburg com acabamento apenas em primer. Seu destino era a Autohaus Fleischhauer, em Colônia; e o cliente, a 4711 Perfume Company. Sua intenção era decorar o veículo com as cores oficiais da 4711, mais o logotipo da empresa.

A prática de liberar veículos de Wolfsburg em primer se ampliou de tal forma que, no final de 1950, enquanto 2.356 furgões haviam saído da linha de produção no universal azul Dove – a única cor de pintura oferecida –, impressionantes 1.989 desses veículos haviam saído da fábrica apenas em primer! Ainda mais surpreendente, as vendas de modelos que as pessoas não haviam avisado que seriam provavelmente usados como dispositivos de propaganda foram, não obstante, entregues parte em primer. Aceitando o papel de duplo propósito da Kombi já mencionado, talvez os 919 exemplares com acabamento em azul Dove pudessem contrabalançar os 264 com acabamento em primer, mas poucos na Volkswagen, ou em seus revendedores, poderiam ter previsto que venderiam 145 Achtsitzers daquela forma, em comparação a 789 pintados de cinza.

Outros registros ainda existentes referentes às vendas iniciais mostram que um furgão com o chassi nº 000025 foi também entregue em 8 de março, o sortudo cliente desta vez sendo a firma de Winter, em Berlim. A concessionária de Pon estava envolvida, embora sua primeira entrega pareça ter ocorrido em 17 de março, quando receberam um veículo com o chassi nº 000032. Talvez indicativo dos primeiros resultados das vendas da Kombi, o furgão com acabamento em primer da concessionária Pon só foi vendido à Knebel, de Seigen, em junho.

A produção foi, no início, estabelecida na cautelosa quantidade de dez veículos por dia, e com isso, em abril de 1950, somente 309 furgões haviam sido fabricados. Mesmo um mês depois, com a entrada em produção da Kombi e do Achtsitzer, as cifras totais só haviam aumentado para 333. No entanto, não havia razão para preocupações, já que em cinco meses a produção havia mais que triplicado, com 1.126 veículos disponíveis em outubro. A produção total em 1950 foi de 8.059 unidades, das quais 5.662 eram furgões, 1.142 Achtsitzers e 1.254 Kombis. Uma picape solitária, que permaneceu fechada em uma das alas do departamento experimental de Wolfsburg, completou o total. Comparados aos 81.979 Fuscas produzidos em Wolfsburg no mesmo ano, os números da Kombi parecem insignificantes, e, em 1951, quando a produção de carros aumentou em 11.730 unidades, para um total de 93.709 – aumento correspondente ao total da produção de veículos comerciais, 12.003 unidades –, matemáticos atuais, capazes de extrair dos números quaisquer significados que queiram demonstrar, poderiam questionar a viabilidade do novo modelo de Nordhoff. Mas, para Wolfsburg e seu diretor-geral, nada poderia ter sido melhor. Nordhoff levou adiante um programa concentrado de desenvolvimento de variantes e, em 1955, tomou a importante decisão de investir em uma fábrica apenas para a produção da Kombi. Os números de produção nesta época haviam aumentado em muito, como se vê na tabela acima; o protegido de Nordhoff veio para ficar, não que alguém houvesse duvidado disso desde o começo.

Abaixo: A partir de abril de 1951, todas as Kombis passaram a ter uma pequena janela traseira – uma grande aquisição em dias muito distantes da invenção dos sensores de estacionamento!

UM ÍCONE, ONTEM E HOJE

Um desfile de antigas Kombis pintadas com propaganda

Nesta página e na seguinte: No início dos anos 1950, a Volkswagen produziu um catálogo mostrando vários modelos pintados com propaganda. A seleção de imagens reproduzidas aqui mostra com perfeição muitas características dos primeiros furgões, Kombis e micro-ônibus. Observe, em particular, a ausência de um para-choque traseiro e de janelas, a enorme tampa do motor e a falta de uma abertura de ventilação acima do para-brisa dividido.

Acima: Esta imagem dos anos 1959, incluída para ilustrar como uma Kombi podia ser pintada à mão para causar grande impacto, mostra como várias forças policiais rapidamente perceberam as vantagens do veículo, sob vários aspectos, para a imposição da lei.

KOMBI

Acima: Esta picape foi adaptada para transportar uma grande seção em formato de caixa onde, originalmente, ficava sua plataforma de carga. Além da versatilidade do modelo, as inscrições na área de carga demonstram outro dos temas da propaganda da Volkswagen a respeito da maioria, se não de todas, as Kombis.

Especificações do furgão em 1950

Embora as dimensões básicas da Lieferwagen, ou furgão, já tenham sido mencionadas de forma breve, além de referências a seu motor de 25 cv e, principalmente, à sua aparente inadequação para um veículo do tamanho e peso da Kombi, a essência do veículo primordial ainda tem de ser comparada com os familiares e muito populares furgões Camper de meados dos anos 1960. Muitas pessoas podem se surpreender ao descobrir a quantidade de variantes entre a Kombi original e o ícone da década seguinte.

O ponto de partida tem de ser as dimensões externas do veículo, e várias comparações são fornecidas aqui a título de ilustração: (a) como os planos originais da era Nordhoff variavam em relação à produção; (b) como, apesar de seu tamanho avantajado, a Kombi não era de fato muito maior que o Fusca ou muito mais larga; e (c) como dimensões aparentemente iguais do próprio veículo mudaram ao longo dos anos de sua permanência em produção. (Talvez a última questão possa ser esclarecida por uma referência indireta – como um exemplo – ao para-choque traseiro da Kombi, ou à falta de um.)

Os furgões adquiridos antes de abril de 1951 não tinham janela traseira, como seus congêneres, de luxo ou outros: até novembro de 1950, a área onde a janela traseira deveria ficar ostentava um enorme emblema circular com as iniciais VW. Todos os modelos, à exceção do Micro Bus De Luxe (lançado depois, em meados de 1951), se ressentiam da falta de um para-choque traseiro até os dias finais de 1953.

A traseira da Kombi anterior a março de 1955 se caracterizava pela grande tampa do compartimento do motor. Tamanhas eram suas proporções que os seus entusiastas a chamavam de modelos "porta de celeiro". Ao abrir-se a tampa, havia um espaço que abrigava o diminuto motor de quatro cilindros opostos e, até outubro de 1950, havia um estepe montado na vertical do lado direito do motor. Depois dessa época, o estepe passou a ser colocado na horizontal numa bandeja acima do motor. Assim como no Fusca, a tampa do tanque de combustível só podia ser acessada abrindo-se outra tampa, embora desse modo a visão do tanque e do conduto colocados com certa precariedade acima do motor deva ter causado uma sensação desagradável a vários de seus compradores.

Relacionada às grandes proporções do compartimento do motor, que, por seu tamanho, impedia o acesso por trás ao interior do furgão, havia o que viria a ser visto como uma redução na capacidade cúbica do espaço de carga do veículo. Ainda assim, de proporções generosas, comparado a vários de seus rivais. Nordhoff havia informado à imprensa que havia 4,5 m³ de espaço disponível, compreendendo uma

Acima: Embora a falta de uma janela traseira viesse a ser eliminada em abril de 1951, foi em março de 1953 que o Micro Bus De Luxe recebeu um para-choque traseiro integral, e em dezembro do mesmo ano o restante da linha, à exceção da picape, também recebeu.

Especificações do furgão

	Primeiros modelos em produção	Últimos modelos em produção	Primeiros desenhos detalhados da era Nordhoff	Fusca, 1950
Comprimento	4.100 mm	4.280 mm	3.830 mm	4.050 mm
Largura	1.700 mm (algumas referências indicam 1.660 mm)	1.750 mm	1.580 mm	1.540 mm
Altura	1.900 mm	1.940 mm	1.840 mm	1.500 mm

área principal de armazenamento na seção central do veículo e uma plataforma menor, mas integrada, na qual se podiam colocar mercadorias – na realidade, o teto do compartimento do motor.

Os especialistas da Volkswagen decidiram que poderiam aumentar um pouco mais a área total, uma vez que os prospectos de vendas produzidos antes de março de 1955 indicavam a capacidade cúbica de transporte do veículo como sendo de 4,6 m³. Depois dessa época, houve uma revisão das especificações da Kombi, que resultou na modificação da aparência do compartimento do motor, e de sua tampa "porta de celeiro", aumentando a capacidade cúbica para 4,8 m³.

Em uma nota semelhante, os primeiros furgões e seus sucessores no restante dos anos 1950 e na década seguinte transportavam uma carga útil de 750 kg, um número anotado por Ben Pon em seu esboço primitivo de muitos anos atrás. No entanto, com um motor maior, de 1.500 cm³, tomando o lugar de outro que começou com 25 cv disponíveis, a carga útil máxima aumentou para 1.000 kg. Para lembrar, e interessante em comparações com as especificações de motores posteriores,
o motor de 25 cv e 1.131 cm³ tinha um diâmetro e curso de 75 mm e 64 mm, nesta ordem, taxa de compressão de 5,8:1, e desenvolvia uma potência máxima de 25 cv a 3.300 rpm. Como o Fusca, a Kombi ganhou um presente de Natal antecipado em 1953, quando, a partir de 21 de dezembro, seu motor teve a potência aumentada para 30 cv.

O perfil dianteiro dos primeiros furgões, e neste aspecto o de outros modelos da linha, era diferente das Kombis fabricadas depois de março de 1955. No visual, não se conseguia perceber nada além de uma calha de chuva entre o para-brisa dividido da Kombi e o grande painel do teto do veículo, e isso era o bastante para identificar um modelo antigo. A mudança do desenho para uma aparência frontal, parecendo um furgão usando algo semelhante a um boné, será discutida depois. No momento, é suficiente dizer que os primeiros modelos tinham problemas de ventilação terríveis. Numa tentativa parcialmente bem-sucedida de reduzir o desconforto de janelas embaçadas, as dobradiças dos quebra-ventos foram modificadas. Antes, eram articulados por dobradiças do tipo piano ao quadro da porta dianteira e, embora pudessem ser abertos com razoável amplitude, a forte
entrada de ar era prejudicada pelo ângulo do vidro. Os quebra-ventos pivotantes, que passaram a integrar a especificação de fábrica a partir de janeiro de 1953, podiam assim ser abertos em um ângulo que permitia uma boa entrada de ar na cabine, antes abafada e propensa à condensação. Dois meses depois, uma engenhoca conhecida como "filtro de ventilação de ar Behr", que direcionava um fluxo efetivo de ar para o interior do veículo, mas dava uma aparência de corcunda à parte central do painel de teto do veículo, tornou-se um acessório oficial.

Outros aspectos dos primeiros furgões, comparados aos modelos bem mais recentes – a disposição dos faróis e os tamanhos das rodas vêm logo à lembrança como exemplos em que condições dos "dias atuais" exigem melhor visibilidade e maior eficácia no caso dos antigos pneus, menores e estreitos – são assunto para os guias de especificações. O que precisa ser esclarecido, no entanto, é que outros modelos da linha tinham as mesmas características do modelo básico; não era o caso de um nível para o furgão de trabalho e outro para os modelos de transporte de pessoas.

Números dos novos modelos

A fim de facilitar uma designação adequada para cada variante, o título original da categoria de Tipo 29 foi deixado de lado e, a partir de 1º de maio de 1950, o furgão – até então a única opção disponível – passou a ser denominado Tipo 21A. (A letra "A" foi acrescentada para indicar um modelo de direção do lado esquerdo, prevendo a disponibilidade futura de outras opções.) As duas variantes prestes a serem lançadas, o Achtsitzer e a Kombi, receberam os números seguintes da nova sequência, 22 e 23, nesta ordem. Sob o risco de saltar a sequência numérica de lançamentos, mas para ilustrar a lógica inicial do sistema de codificação da Volkswagen, o modelo seguinte lançado, a versão De Luxe do Achtsitzer, foi designado Tipo 24. Disso surge, aparentemente, um problema, já que o lançamento posterior, o Krankenwagen,

À direita: Em qualquer lugar habitado do mundo e, às vezes, mesmo desabitado, com certeza poderíamos encontrar a Kombi.

UM ÍCONE, ONTEM E HOJE

À esquerda e abaixo: O catálogo de fotos de aventuras da Volkswagen aumentou ao longo dos anos. Mas a mensagem permaneceu a mesma – a Kombi era um veículo que chegava a qualquer lugar e enfrentava qualquer coisa.

a ambulância, levava o código Tipo 27. O motivo da falta de um código Tipo 25 é desconhecido. A picape recebeu o próximo número disponível, Tipo 26, e talvez – como esse modelo havia sido planejado antes do lançamento para a imprensa – sua designação não faça sentido, em especial quando se considera que a chegada da picape à linha de produção demorou por causa da quantidade de trabalho envolvida. Uma versão de sete lugares do Achtsitzer recebeu o nº 28, enquanto veículos que são muito conhecidos, mas que chegaram depois, foram inseridos em um método um pouco modificado de identificação individual de modelos. Avançando alguns anos, na ocasião do lançamento da picape cabine dupla, sua congênere mais antiga, de cabine simples, havia recebido três números. A opção mais comum da cabine dupla no mercado interno (direção do lado esquerdo, com a porta traseira da cabine no lado direito) recebeu o nº 265.

35

KOMBI

À direita: Esta antiga Kombi de trabalho ilustra como as janelas e os bancos também podem ser úteis em um veículo cuja finalidade é transportar mercadorias.

Abaixo: Embora esta imagem seja dos anos 1960 e mostre o espaço interno do veículo, também mostra sua natureza mais básica. Observe a ausência de painéis de acabamento nas portas abertas e as porcas-borboleta usadas para fixar os bancos ao assoalho.

A Kombi

Na ocasião das comemorações da chegada da milionésima Kombi, Nordhoff fez seu costumeiro discurso. Incluída naquela visão geral da história de sucesso que foi a Kombi, estava a singela, mas bastante memorável, mensagem de que "carros são comprados com dinheiro ganho, e as Kombis eram adquiridas para ganhar dinheiro"! No entanto, no caso da Kombi, quase o primeiro modelo a somar-se ao furgão, Nordhoff havia criado tanto um meio de vida como um veículo que podia ser usado em fins de semana para usufruir alguns dos benefícios gerados com o trabalho duro nos dias úteis.

Sensível a uma falta generalizada de recursos e a um prolongado senso de austeridade do pós-guerra, a Volkswagen de Nordhoff criou uma opção de duplo propósito, ou combinação. A Kombi

podia ser usada como veículo de entregas durante a semana. Nos fins de semana, seu proprietário – sem recursos para comprar outro carro – podia aparafusar no compartimento traseiro os bancos de série fornecidos e levar a família para passeios.

Em 15 de abril de 1950, o protótipo do Achtsitzer foi entregue a um importante cliente. Pouco mais de um mês depois, a produção da Kombi teve início para valer. Nos dias de hoje, um veículo com especificações simples como as da Kombi seria rejeitado de imediato. Na essência, o que se oferecia era um furgão com três janelas adicionais meio quadradas, quase retangulares de cada lado. No interior, assim como o furgão, outras áreas que não

a cabine do motorista não tinham nenhuma espécie de revestimento no teto, um fenômeno que incluía os painéis laterais do veículo. Numa concessão à presença de passageiros ocasionais, o assoalho do compartimento de carga era forrado com um tapete básico de borracha do mesmo tipo que havia na cabine do motorista. Duas fileiras de bancos, cada um comportando três pessoas, podiam ser retiradas apenas desatarraxando-se um conjunto de porcas-borboleta.

A Kombi se mostrou popular desde o seu lançamento. A tabela da página 30, cobrindo os anos a partir de 1951, e incluindo 1955, mostra que esse veículo de duplo propósito era mais popular do que qualquer outra opção, à exceção do furgão. Da mesma forma, a

tabela da página 65, que abarca os números de produção desde 1956 até a chegada do modelo da segunda geração, mostra que, embora ela tenha passado para uma posição atrás da picape por um breve período, no começo dos anos 1960, em anos posteriores a Kombi bateu até o furgão em popularidade.

A noção de flexibilidade de uso, ponto central do conceito da Kombi, também desencadeou ideias em muitas mentes férteis, mas, mais notavelmente, na firma de Westfalia, e a longo prazo isso geraria um grande volume de produção adicional para a Volkswagen. Estamos nos referindo, é claro, à revolução do furgão Camper, do início dos anos 1950 em diante, da qual falaremos à frente.

O Achtsitzer – o Micro Bus

Logo depois da Kombi, o veículo até então chamado Achtsitzer fez sua estreia. Não se sabe por que foi considerado necessário enviar o protótipo a um cliente de confiança, em especial porque não se pensou ser essencial fazer o mesmo com a inovadora Kombi. Mas isso acabou sendo feito. O fato de o protótipo ter sido aprovado pode ser considerado algo que já era dado como certo, como ocorreu em 22 de maio de 1950, quando sua minivan, seu veículo de transporte de passageiros por excelência e um conceito inovador por si só, se juntou ao furgão e à Kombi.

Aqueles que foram proprietários ou tiveram um grande interesse pelas minivans da primeira, ou nesse particular, da segunda geração, com certeza saberão que esse veículo era chamado de Micro Bus [micro-ônibus] na Grã-Bretanha. Referências à literatura mais antiga, destinada aos consumidores dos Estados Unidos, ilustram que, pelo menos nos primeiros anos de sua produção, essa terminologia era estranha para os norte-americanos também. No entanto, pouco mais tarde, o mercado norte-americano desenvolveu seu próprio jargão, e as Kombis passaram a ser chamadas de "caminhões", enquanto o Micro Bus passou a ser mais conhecido nos Estados Unidos como "station wagon" (perua). Fora isso, foi uma surpresa descobrir que gente importante atualmente no departamento

de História Corporativa da Volkswagen não reconheceu o termo Micro Bus. Com certeza, a literatura do mercado interno nos anos 1950 se referia ao veículo de transporte de passageiros como Achtsitzer, ou oito-lugares.

Por exemplo, uma oferta do ano de 1956 mostra dois modelos, o Sieben-oder Achtsitzer [sete-ou-oito lugares] e o Sieben-oder Achtsitzer Sonder-Modell [sete-ou-oito lugares Modelo Especial], que nas imagens das fotos correspondem ao Micro Bus. Com referências ao Sieben, confundindo ainda mais a questão, felizmente outras literaturas antigas alemãs se referiam ao veículo de transporte de passageiros como *Der Kleinbus* [ônibus pequeno]. No restante deste capítulo, e em todo o próximo, o termo Micro Bus tem um papel central.

O Tipo 22 Micro Bus foi, sem dúvida, um veículo mais luxuoso que a Kombi. Seus componentes eram fixos e seu acabamento, bem mais abrangente. Qualquer ideia de oferecer um veículo sem forração no teto era logo descartada em favor de um acabamento de tecido macio e confortável, colocado também nas janelas laterais. A perspectiva de laterais internas sem revestimento era também abominável para uma legítima minivan e, por isso, painéis de aglomerado de fibras revestidos de vinil adornavam as áreas abaixo da linha da cintura. Comparados aos bancos básicos da Kombi, o estofamento plissado, bastante

simples, com acabamento límpido e fitas em forma de tubo em torno das extremidades, era de novo o máximo em luxo. Do sublime ao ridículo – ou das simples placas encobrindo as regiões inferiores da fileira de bancos do meio a uma abundância de cinzeiros para vários fumantes – e à elegante, embora rígida, divisão entre o motorista e os passageiros do banco dianteiro e os demais ocupantes do Micro Bus, eram utilizados padrões comparáveis aos do Fusca exportação. Na parte externa, o Micro Bus era a primeira Kombi a ser oferecida – embora não exclusivamente – com pintura de dois tons, mas, pelo menos, a opção de uma só cor do atraente cinza Stone não estava disponível para os compradores dos primeiros pedidos de Kombi.

Do ponto de vista mercadológico, a Volkswagen se esforçou para descrever o Micro Bus como um carro com maior capacidade de transporte de passageiros, como mostram dois curtos excertos de um antigo catálogo promocional:

"O Micro Bus da Volkswagen é, na realidade, não um ônibus, mas um grande carro de passageiros que acomoda oito pessoas. Cada passageiro tem mais espaço sobre a cabeça, para as pernas e os cotovelos do que necessita [...]"

"O Micro Bus da Volkswagen é um novo tipo de carro de passageiros de oito lugares para viagens baratas. [...]"

O Micro Bus De Luxe

Deve ter sido difícil para Heinz Nordhoff, em meio ao entulho e ao caos que era Wolfsburg quando lá chegou pela primeira vez, imaginar o dia em que ele não só planejaria uma versão do Fusca para exportação como também teria os recursos à sua disposição e o pedido para produzir uma versão De Luxe de seu já bem equipado Micro Bus. No mercado interno, a demanda surgiu como consequência da recuperação econômica da Alemanha, quase um milagre, enquanto no exterior a preferência pela Volkswagen aumentava.

Estreando em 1º de junho de 1951, a nova minivan de luxo recebeu o nome comercial de Kleinbus Sonderausführung, ou modelo especial, no mercado interno e, nos demais, apenas De Luxe.

O desempenho das vendas era suficiente para que o Micro Bus De Luxe se tornasse um integrante permanente da linha, mas ele nunca atingiu os números impressionantes de seu congênere em termos de transporte de pessoas, nem da socialmente inferior Kombi. A demanda pelo modelo superior da linha chegava a uma média pouco maior que um quarto da procura pelo Micro Bus comum, um nível determinado em parte pelo custo. Num rápido movimento, após o lançamento do veículo, em pouco menos de quatro anos, uma lista de preços para o mercado interno revelava um preço básico de 8.475 marcos para o Sonder-Modell, um acréscimo de 1.500 marcos sobre o preço de seu equivalente Micro Bus, o qual, por sua vez, custava 700 marcos mais que a Kombi, cujo preço de varejo era 6.275 marcos. Embora fosse uma linha de veículos maiores e mais caros que o Fusca, o fato de o Micro Bus De Luxe custar cerca de 2.000 marcos mais que o Fusca Cabriolet, quase artesanal e feito sob encomenda, tinha de ser notado como um indício do limite de mercado do produto, o qual, quase por definição, limitava suas vendas.

A estratégia de vendas da Volkswagen para o modelo era sutil, mas eficaz. Na época, as viagens de avião eram em boa medida um privilégio dos ricos e famosos, mas um meio de transporte aspirado por muita gente de outras classes sociais. O papel do Micro Bus de Luxe, segundo a retórica da propaganda, era transportar hóspedes acomodados em uma suíte requintada equivalente ao Ritz e aos bancos de primeira classe dos mais modernos aviões, enquanto eles voavam de um destino luxuoso para outro. Satisfazendo essas aspirações de estilo de vida, os publicitários da Volkswagen pretendiam sugerir que a posse de um Micro Bus De Luxe permitiria ao comprador realizar suas ambições. Com certeza, as especificações do veículo podiam levar à crença de que tal sonho havia se tornado realidade.

Na parte externa, reconhecia-se o Micro Bus De Luxe por uma óbvia série de aprimoramentos quando comparado a outros modelos da linha. A característica mais notável ficava por conta de um conjunto de oito claraboias. Elas se estendiam por ambos os lados do painel do teto, de um ponto acima das portas do motorista e passageiro dianteiro, e acabavam alinhadas à penúltima janela lateral do veículo. Eram feitas de acrílico, um material mais comumente utilizado na fabricação de carenagens de cabines de aviões. Embora, a partir do ponto em que o Micro Bus De Luxe foi lançado, o Micro Bus de série, com especificações inferiores, pudesse ser encomendado com teto solar de lona retrátil por um custo extra, no modelo mais sofisticado da linha ele era fornecido como padrão. A combinação de claraboias e teto solar tornou o Micro Bus leve e arejado, embora algumas pessoas mais austeras preferissem não aproveitar essas características, adquirindo o mais caro veículo da linha sem elas.

O acrílico foi utilizado também nas duas janelas curvas da parte superior dos painéis traseiros. O objetivo da Volkswagen era fazer incidir mais luz sobre os passageiros do veículo, acrescentando à agora já quase tradicional carreira de três janelas atrás da porta do motorista e dos passageiros, de cada lado das minivans, uma quarta, enquanto uma janela traseira bem maior que a fornecida com os outros modelos completava o quadro. Computando todas as janelas ou painéis transparentes, o Micro Bus De Luxe somava a grande quantidade de 23 janelas – revolucionário, ontem e hoje!

Embora seja compreensível que um veículo utilitário como o furgão e a caixa metálica com janelas que era a Kombi carecessem de um conjunto de metais

lustrosos, o contraste entre o Micro Bus De Luxe e o restante da linha em termos de enfeites vistosos era notável. Para os iniciantes, a linha da cintura do modelo executivo e o quase "V" da parte dianteira eram enfeitados com frisos espessos e brilhantes, enquanto o proeminente e dominante emblema circular com as iniciais VW na mesma área – uma verdadeira marca dos veículos de série, pelo menos até 1967, e, na verdade, por mais doze anos durante a existência dos modelos da segunda geração – brilhava num cromado de alta qualidade. As calotas, que nos outros modelos só podiam ser especificadas com esse acabamento mediante um pagamento extra, eram brilhantes de série.

O acréscimo de uma proteção traseira que, embora não fosse um para-choque integral, era melhor do que nada – uma situação já mencionada em relação a outros modelos – e detalhes executivos e exclusivos no para-choque dianteiro completam os destaques que distinguiam o modelo superior da linha.

No interior, o Micro Bus De Luxe também era sedutor para o comprador de maior poder aquisitivo. Ostentando um conjunto completo de acabamento que incluía uma agradável forração de lã no teto, com um ar de superioridade comparado ao mais barato Micro Bus em termos de acabamento de painéis, estofamentos e assemelhados, o De Luxe era apresentado de uma forma

que, ao menos visualmente, valia o preço maior cobrado por ele. Contudo, duas grandes características ofuscavam as demais. Numa disputa apertada, a mais notável delas era um painel de instrumentos de largura total, comparado ao mostrador de um só instrumento de todos os outros modelos. Embora os componentes do painel possam ser considerados primitivos pelos padrões atuais, mesmo em furgões, havia a extravagância de um grande relógio mecânico, além de uma tampa que cobria o espaço destinado à instalação de um rádio. O termo "charmoso" talvez seja o que melhor descreve o exclusivo segundo interior do Micro Bus De Luxe. No lugar das práticas e funcionais, porém um tanto fúnebres, partes de plástico preto dos modelos inferiores, que compreendiam do volante ao entorno dos instrumentos, e das maçanetas de abertura das janelas à alavanca de câmbio, o Micro Bus De Luxe por nome e natureza ostentava acabamentos na cor marfim que combinavam com a natureza aristocrática do modelo. Num comentário mais trivial – e por isso de valor relativo –, o De Luxe tinha barras de bagageiro que se estendiam pelo comprimento e largura das paredes da plataforma sobre o compartimento do motor. Caixas volumosas não seriam prensadas contra as janelas nem esfregadas contra partes metálicas ou marcadas por borracha comum, pois essa área era coberta por carpete, com tiras cromadas para maior proteção contra atrito.

Na página ao lado e acima: O Micro Bus De Luxe foi lançado em junho de 1951. Uma pletora de partes lustrosas, claraboias e janelas laterais adicionais, na maioria dos casos, e um teto solar retrátil de lona, de tamanho quase integral, faziam esse veículo sobressair na multidão. A Volkswagen o vendia como um veículo de transporte executivo adequado para o trabalho de transporte de luxo em aeroportos.

O Krankenwagen

Quase seis meses depois do dia seguinte ao lançamento do Micro Bus De Luxe, veio a estreia de um produto de nicho e mercado e, à primeira vista e num segundo olhar, um curioso veículo a ser acrescentado à série de modelos. Lembrando as ordens de Nordhoff para uma linha de protótipos em meados de 1949, um modelo para os correios e uma ambulância haviam sido mencionados nos despachos. Agora, uma esquecida nota de rodapé se tornou, em boa medida, realidade. Tente achar mais informações entre as coleções de materiais promocionais juntadas por ávidos colecionadores de catálogos e, com certeza, você encontrará material dedicado ao Krankenwagen. Bernd Reuters, artista comercial excepcional e o celebrado criador das alongadas Kombis, de linhas simples, Fuscas e Karmann-Ghias, desenhou o modelo ambulância para complementar o furgão, a Kombi, o Micro Bus etc. Outros artistas acrescentaram suas próprias concepções de ambulância na segunda metade da década. Então, quando os estilos de publicidade mudaram, profissionais foram convocados a tirar fotografias desse veículo de transporte de pacientes. Em todos os catálogos gerais da Kombi, cerca do mesmo espaço era destinado ao furgão, por exemplo – um veículo capaz de apresentar um total de mais de 41.000 unidades produzidas no final dos anos 1950 – e à ambulância, que na leva de produção da Kombi da primeira geração não atingiu nem mil veículos em um ano e, na verdade, chegou a um máximo de 883 unidades em 1961.

A tabela a seguir mostra com clareza o aparente absurdo do que acaba de ser descrito, abrangendo o ano de 1956 – que ficou fora da tabela de avaliação da linha, na página 30 – e todos os seguintes, exceto 1967, quando ocorreu a mudança dos modelos da primeira para a segunda geração.

Antes de a Volkswagen fazer sua competente incursão no campo da medicina e cuidados com pacientes, hospitais e outras instituições podiam adquirir uma ambulância Volkswagen de uma empresa fabricante de ônibus de Bonn, a Miesen, que, a partir de outubro de 1950, começou a executar contratos como favor para a profissão médica. Suas ambulâncias eram Kombis não modificadas, equipadas com toda a parafernália pertinente àquele trabalho. No entanto, um armário compacto instalado sobre o compartimento do motor podia ser acessado do exterior por uma pequena escotilha, enquanto duas entradas de ar foram colocadas no teto, e um degrau para a "área de carga" foi aparafusado abaixo das portas laterais. O produto da Miesen serviu a seu propósito e estabeleceu os critérios do que surgiria como uma estratégia geral de firmas especialistas

Acima: No final de 1951, a Volkswagen começou a produzir seu próprio modelo ambulância. Como se poderia esperar, os números de produção nunca foram grandes, mas sua presença nos catálogos gerais lembrava aos clientes que a Kombi era facilmente adaptável.

Produção da ambulância comparada à produção total 1956-66

Ano	Ambulância	Todos os modelos	Ano	Ambulância	Todos os modelos
1956	586	62.500	1962	728	165.774
1957	644	91.983	1963	675	174.866
1958	486	101.873	1964	829	187.947
1959	710	121.453	1965	864	176.762
1960	658	139.919	1966	816	176.275
1961	883	152.285			

À esquerda e abaixo: A ambulância mostrada nesta coleção de fotos data de meados dos anos 1960. Uma vez estabelecidas, as especificações para a ambulância Volkswagen permaneceram basicamente inalteradas enquanto durou a produção da Kombi da primeira geração.

designadas para adaptar a Kombi para uso específico, um tópico ao qual retornaremos em breve. Antes da estreia da ambulância, Wolfsburg havia tido custos baixos ao acrescentar variantes do furgão original. Tanto a Kombi como o Micro Bus foram planejados desde o começo, e tudo o que cada um deles exigia em termos de adaptação da carroceria era o emprego de um cortador de metais industrial para abrir as janelas no metal. Da mesma forma, para a introdução do Micro Bus De Luxe, nada foi necessário além do uso de um abridor de latas e um toque de inventividade para a criação daquilo que era, na época, a fabricação, difícil e cara, de vidro curvo. O acrílico, claro, era a resposta, e até isso o comprador pagava,

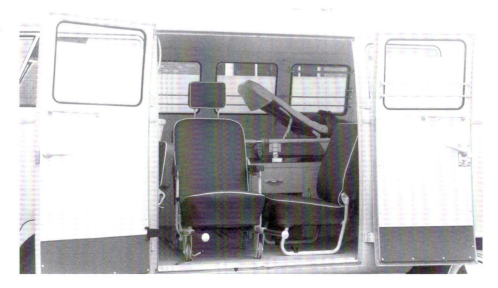

Acima: Antes de 1955 e enquanto as Kombis tiveram uma abertura traseira sobre a tampa de motor de tamanho bem dimensionado, a Volkswagen teve de criar uma enorme porta traseira articulada para a ambulância, assim desenhada para que os operadores pudessem colocar as macas dentro do veículo.

como se refletia no preço de venda de um modelo decorado com uma profusão de forrações e acabamentos da melhor qualidade e um painel de instrumentos de comprimento integral.

No início de 1948, quando Nordhoff foi admitido na Volkswagen, os recursos adicionais eram escassos, e era necessária uma atenção extrema para que apenas a mais cuidadosa engenhosidade (com o objetivo de melhoria) fosse autorizada. Uma edição de 1954 da revista *Time*, na qual o tópico principal era "o rápido retorno ao Ocidente" após a guerra, e em nenhum lugar mais que na Alemanha, se referia aos ganhos crescentes da Volkswagen no início dos anos 1950, declarando um lucro de 12,5 milhões de dólares em 1953. Os registros oficiais da época indicavam um aumento meteórico na receita e nos lucros. Nos últimos meses de 1951, a Volkswagen podia bancar maiores gastos para fabricar produtos adicionais, e foi isso o que aconteceu com a ambulância e o que voltaria a ocorrer quando a picape estreou, em agosto de 1952, três anos após o diretor-geral ter declarado que ela deveria fazer parte da série Kombi.

A ambulância de Miesen era, sem dúvida, fraca. Falando de forma sucinta, enquanto uma maca carregada com um indivíduo ferido podia ser manobrada por suas portas laterais, teria sido muito mais fácil para todos se ela pudesse entrar por uma tampa ou porta traseira. Qualquer coisa que tivesse sido dita durante o lançamento da Kombi a respeito das vantagens do acesso e carregamento lateral, embora válidas até certo ponto, não podia disfarçar uma grande falha no desenho. Uma solução para essa e outras questões surgiu em março de 1955, mas, nesse ínterim, os engenheiros da Volkswagen haviam desenvolvido uma solução específica para a ambulância, o Tipo 27, se o veículo tivesse de ser viável.

Então, numa estreita colaboração com o Serviço Alemão de Ambulâncias e a Cruz Vermelha, a Volkswagen produziu uma porta traseira que faria inveja a todos os demais proprietários, até que uma remodelagem geral a incluiu nos demais veículos. O grande compartimento do motor foi eliminado com sua chamada "porta de celeiro", entrando no lugar uma pequena tampa de motor. A tampa do tanque de gasolina foi mudada para a lateral do veículo, sendo acessível por uma tampa articulada, e, mais importante de tudo, foi incluída uma grande porta traseira. No entanto, numa confusão conceitual, ela se abria para cima nos protótipos, o que, embora permitisse o desejado acesso de macas, tornava-o difícil pela falta de uma rampa, e ainda representava um perigo para os carregadores, que podiam bater a cabeça na tampa aberta no alto. Felizmente, quando a produção se iniciou, a abertura traseira passou a ser articulada embaixo, resolvendo assim ambos os problemas. Sustentada por fortes braços articulados, a segurança do paciente e do operador estava mais ou menos garantida. (Fazendo um aparte, a porta traseira agora carecia de uma janela, o que facilitaria a identificação de uma ambulância para os entusiastas de hoje, mesmo com seu equipamento interior totalmente retirado.)

Como este livro não é um guia de especificações, detalhes da composição do veículo podem ser mais ou menos omitidos, exceto mencionar que havia um ventilador elétrico no teto, além de barras de proteção nas janelas laterais parcialmente foscas. Também conscientes de que a circulação de ar não era ainda a ideal, o antigo respiradouro Behr passou a ser instalado nos veículos a partir de janeiro de 1954, uma solução não estendida aos demais modelos, que continuaram como estufas até a muito falada, mas ainda não revelada, renovação de março de 1955.

Os agora aparentemente essenciais acessórios automobilísticos que não eram considerados necessários nos anos 1950 passaram a integrar a ambulância muito antes de qualquer dos outros modelos da linha. Por exemplo, um marcador de combustível foi acrescentado a partir de abril de 1954, e em outubro de 1959, o requinte de lavadores de para-brisa se tornou parte dos itens de série.

Voltando ao tema da extensão da linha Kombi, uma teoria precisa ser sugerida a respeito da inclusão da ambulância em um nível comparável ao de outros modelos. Um agradável folheto de bolso de 1956, completado com recortes para guiar o leitor em cada modelo diferente, inclusive a ambulância, oferece o seguinte:

"Ambulância Volkswagen – Além das vantagens inerentes a todos os modelos de Kombi, a ambulância, um veículo de propósito especial, é tão inteligentemente desenhada e utilizada que ganha novos elogios a cada dia. Ela proporciona utilização confiável e incansável 24 horas por dia a vários hospitais, e também a instituições públicas e privadas."

Embora a mensagem seja sutil, a intenção da Volkswagen é evidente. A inclusão do modelo especializado ambulância em seus prospectos destina-se a mostrar que uma sempre crescente família de opções de veículos com finalidades específicas estava disponível nas concessionárias. Dois anos mais tarde, em um pequeno folheto de 1958, a mensagem é bem mais clara. Não havia mais a imagem da ambulância sozinha e, em seu lugar, passou a figurar uma ilustração mostrando o que é amplamente descrito como ambulância Volkswagen, caminhão de bombeiros Volkswagen e Kombi para serviço policial. O texto que acompanha as imagens incorpora mais que uma mera palavra-chave:

"Estes três veículos especiais são feitos para a máxima confiabilidade. Eles são excelentes exemplos da versatilidade dos caminhões e das peruas. Para a ambulância, o equipamento interior completo é de série. O equipamento básico de combate ao fogo e acessórios para a Kombi de polícia são supridos por fornecedores especializados."

À esquerda: Talvez o único grande problema dos primeiros modelos fosse a falta de ventilação adequada. A abertura dos quebra--ventos só resolvia em parte o problema, e a maioria dos ocupantes tinha de suportar uma atmosfera sempre abafada. Esta imagem mostra um furgão equipado com um acessório popular da época – o respiradouro Behr. A partir de março de 1953, ele se tornou um acessório oficial, indicando a gravidade do problema.

KOMBI

Acima: A ambulância Volkswagen era sempre vista como parte integrante da linha Kombi. Os números de produção eram baixos, comparados aos de outras opções, mas a natureza do modelo ilustrava a adaptabilidade para toda uma gama de usos. Esta foto inteira de frente ressalta a projeção na parte metálica acima da cabine. A Kombi foi reestilizada no começo de 1955, incorporando essa característica, que resolveu a maior parte dos problemas relacionados ao frequente embaçamento do veículo. A parte inferior da projeção tinha aberturas que permitiam a entrada de ar no veículo, distribuído por uma caixa de circulação presa ao teto da cabine.

À direita: Durante vários anos, deu-se grande ênfase às vantagens das portas de abertura lateral para carregamento. Entre as várias vantagens apregoadas, o acesso fácil para o motorista, por dentro, sem precisar pôr os pés na rua, era a mais convincente.

UM ÍCONE, ONTEM E HOJE

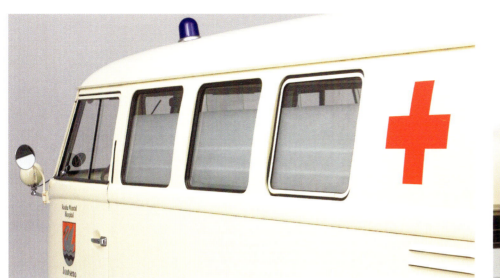

À esquerda: O equipamento exterior de série da ambulância Volkswagen incluía "o símbolo da Cruz Vermelha iluminado no teto, luz de ré, luz de sinalização giratória, porta traseira de abertura descendente, que atua como rampa de carregamento para macas, degrau retrátil sob as duas portas de abertura lateral".

KOMBI

À direita: Antes de 1958, todas as Kombis tinham uma luz de freio única localizada no centro, acima da placa.

Na extrema direita: Entre 1955 e 1958, as Kombis tinham a vantagem de uma combinação de lanterna traseira e olho-de-gato. Em conjunto com a luz de freio única, esse arranjo parece quase suicida hoje, mas era bem aceitável pelos padrões dos anos 1950.

À direita: Antes de março de 1955, o único modelo da linha Kombi a ter acesso pela traseira era a ambulância; sua porta traseira de abertura descendente funcionava como uma plataforma especial pela qual se podia deslizar a maca para o interior do veículo. No início, seu projeto era um pouco caro, uma vez que foi necessário reduzir as dimensões do compartimento do motor. Depois, todas as Kombis foram beneficiadas com essa especificação, embora a porta traseira abrisse para cima, em vez de para baixo, em todos os modelos, à exceção da ambulância.

UM ÍCONE, ONTEM E HOJE

Abaixo: Além deste holofote auxiliar, a ambulância recebeu vários equipamentos adicionais de série.

Acima: Em 1956, quando a ambulância aqui mostrada foi fabricada, a produção total da Kombi era de 62.500 unidades ao ano. Com um total de não mais que 586 unidades fabricadas no mesmo período, para muitos, a ambulância pode parecer não ter compensado para a Volkswagen. No entanto, o que fica evidente é a versatilidade inerente à Kombi, uma parte integrante da visão de Nordhoff para sua grande aceitação no mercado, e a característica principal que iria assegurar sua popularidade e notoriedade no mercado em um futuro previsível.

47

KOMBI

Acima: A ambulância foi o único modelo com medidor do nível de combustível até o lançamento do modelo 1962. As primeiras ambulâncias com o instrumento surgiram em abril de 1954.

Abaixo, à esquerda: O painel de instrumentos integral mostrado aqui foi uma inovação de março de 1955. Antes disso, todos os veículos, à exceção do Micro Bus De Luxe, tinham apenas um quadro de instrumentos simples. Observe o banco inteiriço liso, coberto de vinil, não ajustável, e os painéis das portas, de aglomerado de fibras.

Abaixo, à direita: A partir de 1956, a direção passou a ter dois raios.

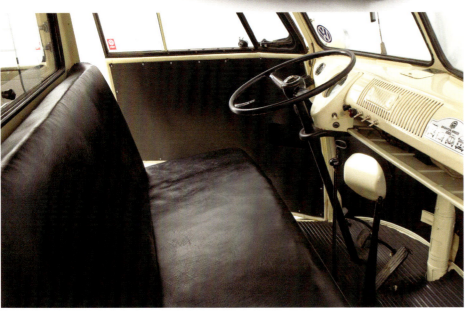

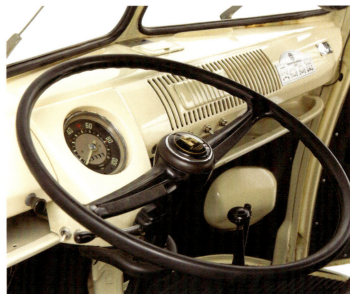

48

UM ÍCONE, ONTEM E HOJE

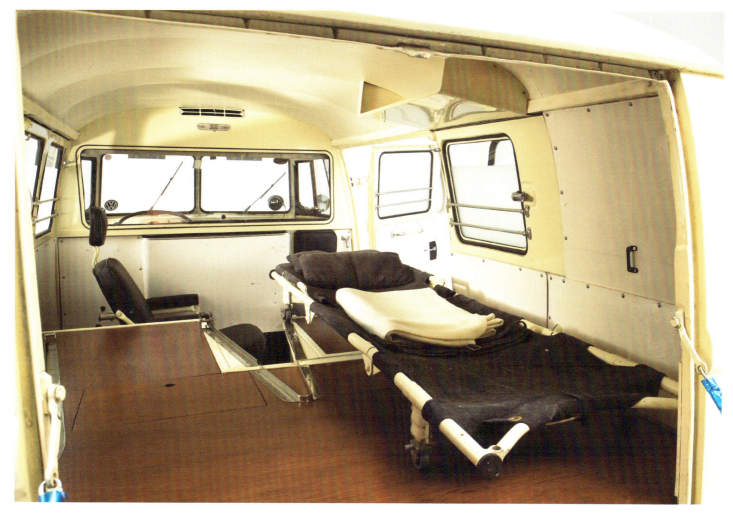

À esquerda: Esta foto, feita para mostrar a maca vista da porta traseira, serve também para ilustrar as proporções da Kombi. Observe a luz de teto, que podia ser ajustada como forte ou suave, e a prateleira acima da maca, destinada a guardar talas para braços e pernas.

Abaixo: De um catálogo de 1961: "Há amplo espaço para um conjunto de primeiros socorros. Bandagens, instrumentos e outros equipamentos têm armários e gavetas próprios".

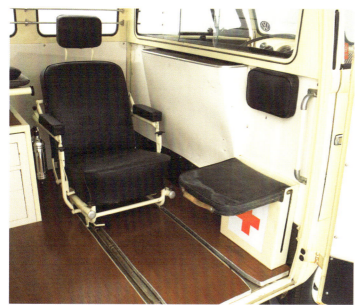

À direita: O interior da ambulância e os equipamentos fornecidos demonstram a grande atenção que foi dada ao projeto. Nesta imagem, pode-se ver a cadeira portátil para acidentados e os trilhos-guias, o banco de emergência para o atendente, a divisória de vidro entre a cabine do motorista e a área para pacientes, as janelas com vidros opacos e barras de proteção, e também dá para ter um vislumbre do armário de primeiros socorros, além da iluminação do interior.

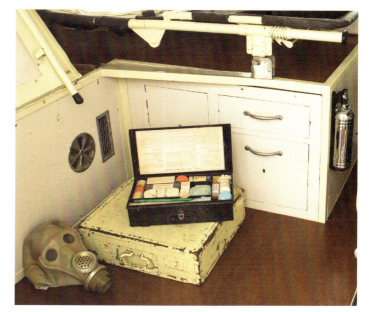

KOMBI

Uma variação nos Sonderausführungen

Se a adoção oficial do Krankenwagen como integrante central da linha fora feita em parte com o propósito de ilustrar a flexibilidade de uso da Kombi, faz sentido falar sobre os modelos especializados, disponíveis antes de passar para o tipo específico seguinte que surgiu de Wolfsburg com designação própria.

Os Sonder Packung, ou conjuntos especiais, surgiram em 1951, a partir dos manuais de peças; em uma década, a Volkswagen listou 130 variações do produto central da série. Após 1956-57, a empresa criou uma lista de códigos SO oficiais, com cada veículo cujas especificações técnicas, carroceria ou chassi necessitassem de adaptações ou de instalações adicionais. Embora alguns modelos SO fossem equipados pela própria Volkswagen, a maioria era deixada aos cuidados de empresas de carrocerias, como a Miesen. Outra fabricante de carrocerias a recordar é a Binz, e a designação SO16, de uma picape especial de cabine dupla disponível entre 1953 e 1959. À mais famosa de todas, a Westfalia, é dedicado um capítulo sobre o mais popular dos Sonderausführungen e a mais conhecida das Kombis, o Camper.

Conforme os anos passavam, catálogos dedicados à descrição dos modelos inundaram as salas de exposição das concessionárias, enquanto folhetos específicos forneciam detalhes completos sobre a conversão e o fabricante de carrocerias licenciado para executar o serviço. Em meados dos anos 1960, o desenvolvimento do mercado dos SO havia progredido tanto que os prospectos continham esboços com as possibilidades ainda não desenvolvidas e convidavam futuros compradores a encomendar conversões feitas sob medida. Chamadas em alemão de *Anregungen* [possível], algumas dessas ideias não recebiam um número SO.

Produzir uma lista com todas as opções SO ou uma tentativa de individualizar cada opção que não seja assim designada levaria apenas a uma leitura tediosa. No entanto, uma tabela seletiva de algumas das mais conhecidas ou mais interessantes designações SO seria proveitosa, enquanto uma foto de perfil retirada de um catálogo publicado em meados de 1962, mostrando várias Kombis mais antigas, demonstra até onde a imaginação poderia ir.

Reconhecível por este título que encabeçava uma página, "Comerciais Volkswagen equipados para várias finalidades", o catálogo de 32 páginas de veículos especiais da Volkswagen era dominado por fotografias, várias anteriores a 1955. O preâmbulo do redator para este espetáculo visual é uma leitura fascinante:

"Os veículos comerciais Volkswagen provaram seu valor em todos os continentes. A economia considerável

À direita: Os furgões adaptados como carros de bombeiro foram feitos primeiro em Wolfsburg e, a partir de 1956, em Hanover. As especificações eram bem detalhadas e incluíam pormenores apurados, como rodas e para-choques pretos, além de portas laterais sem chave, porta traseira, e uma bomba-d'água movida a gerador industrial.

UM ÍCONE, ONTEM E HOJE

À esquerda: Agência postal móvel.

Acima: Popular com designação de modelo especial, o SO9 tinha plataforma menor que a do SO10; ambos eram chamados de "picapes com plataformas levadiças de acionamento hidráulico".

proporcionada pelos veículos produzidos em série pode ser ainda maior com o uso de equipamentos especiais e carrocerias que são ideais para o trabalho em vista.

"Este catálogo vai mostrar como alguns clientes foram criativos ao adaptar seus veículos comerciais às necessidades específicas de seus ramos de negócios. É preciso ter cuidado com um detalhe: assegurem-se de que, quando carrocerias e equipamentos especiais forem instalados em seus veículos Volkswagen, o peso permitido por eixo e o total não sejam excedidos.
"O furgão tem um compartimento de carga com capacidade de 4.875 litros – que pode ser totalmente utilizado. É muito adequado à instalação dos equipamentos necessários para o seu negócio. Cada canto pode ter uso prático".

As opções mostradas incluíam uma unidade móvel de radiodifusão; uma agência postal completa com máquinas de venda de selos instaladas atrás da porta de acesso, nos modelos posteriores a março de 1955; uma oficina móvel completa para empregados da companhia de máquinas de costura Singer; um veículo com prateleiras múltiplas repletas de doces, pintado para anunciar a marca das tortas Russell Phinney; uma picape adaptada para transportar grandes placas de vidro; uma Kombi transformada em banheiro completo, com banheira e bacia, presumivelmente um veículo com peças de mostruário de um fabricante de artigos para banheiros; uma Kombi adaptada com duas janelas laterais extras e enormes luzes circulares, com uma grande mensagem "siga-me", com o claro propósito de servir como veículo de apoio de aeroporto; e uma Kombi com o interior adaptado para preparar e servir *donuts*.

A página de trás do catálogo contém outra pérola dos redatores da Volkswagen, explicando como o sistema de modelos de fabricação especial funcionava:

"Algumas carrocerias e equipamentos especiais seriam muito dispendiosos para serem instalados por compradores individuais, ou normas especiais de segurança os impediriam de fazê-lo. Um veículo no qual uma escada giratória fosse montada é um desses casos. Assim, a fábrica Volkswagen também lhe oferece uma gama de modelos especiais que são produzidos em série. Esses veículos, desenvolvidos e testados em íntima cooperação com pessoas que os utilizam, já mostraram várias vezes seu

Modelos Sonderausführungen SO

SO1	Loja móvel (Westfalia)
SO2	Loja móvel com teto alto
SO3	Veículo de emergência da polícia, para acidentes de trânsito, escritório móvel
SO4	Veículo de emergência da polícia, para acidentes de trânsito (anterior a 1965)
SO5	Veículo refrigerado com prancha de isolamento de 140 mm
SO7	Veículo para comida congelada com refrigeração
SO9	Picape com plataforma elevatória hidráulica
SO11	Picape com escada de mesa giratória
SO13	Picape com caixa de armazenamento sobre a plataforma
SO14	Picape com suporte para tubos e postes longos
SO15	Caminhão basculante hidráulico
SO19	Ônibus de exibição e mostra
SO21	Furgão com prateleiras Wido multilayout (anterior a 1965)
SO22	Camping Box Westfalia e Mosaik (1958-62)
SO23	Campingwagen Westfalia (1958-62)
SO25	Picape de carregamento baixo
SO29	Veículo de emergência em catástrofes
SO31	Picape com tanque para aquecimento de óleo e bomba
SO34	Camper Westfalia de laminado branco e cinza (1961-65)
SO35	Camper Westfalia de madeira de pereira suíça (1961-65)
SO42	Camper Westfalia (mercado de exportação) (1965-67)
SO44	Camper Westfalia – desenhado para modelos com divisória (1965-67)
SO45	Camper Westfalia Mosaik (1967 apenas)

KOMBI

À direita: A Volkswagen produziu uma grande quantidade de catálogos para ilustrar a versatilidade de usos que a Kombi poderia ter. A maioria destas imagens é reproduzida de um catálogo publicado em agosto de 1962, que incluía, porém, fotos de veículos mais antigos. Uma plataforma de teto integrava as especificações do veículo Escritório Móvel para Ocorrências Policiais (acima). Adaptado pela firma de conversões de utilitários Westfalia, o SO3 tinha armários e mesas, enquanto a plataforma no teto permitia a um policial pesquisar tudo à sua volta e fotografar as provas de uma posição mais privilegiada. O furgão do padeiro (abaixo) é autoexplicativo. O furgão com uma porção de gavetas e uma porta de carga adicional ao lado (centro, à esquerda) confunde a maioria das pessoas, e uma Kombi de venda de banheiros (centro, à direita) completa, com lavatório de demonstração, é absurda!

UM ÍCONE, ONTEM E HOJE

valor. Seu revendedor Volkswagen tem uma série completa de catálogos com detalhes destes modelos especiais à sua espera. [...]"

Esta longa, porém essencial, digressão não estaria completa sem uma breve referência a outra área que gerou mais vendas e demonstrou a inspiradora diversidade de usos da Kombi, causadora de admiração – as opções equipadas de fábrica, identificadas pela lista definitiva de códigos "M" da Volkswagen (a letra M significa *Mehr und Minderausstattung*, ou seja, equipamento extra e reduzido). Embora esses códigos não fossem uma exclusividade da Kombi – já que o Fusca e outros modelos posteriores refrigerados a ar tinham da mesma forma equipamentos opcionais ou obrigatórios acrescentados ou suprimidos da especificação de série –, eles foram utilizados de forma mais ampla com os veículos comerciais da Volkswagen. Como dissemos antes, uma lista abrangente não é necessária, mas a tabela seguinte deverá ajudar a demonstrar a finalidade dessas opções.

Acima: Esta fotografia épica de um aeroporto mostra diversas Kombis adaptadas para atender às necessidades do trabalho em um terminal. Note o furgão "siga-me" (próximo ao conjunto de escadas) com suas enormes lanternas traseiras remanescentes do pior do atrevimento estilístico americano, mas com papel vital neste contexto.

Esta foto é interessante porque inclui exemplares como uma picape de carregamento baixo (SO25), uma com escada giratória (SO11), e uma picape com caixa de armazenamento na plataforma acessível por uma porta do tipo persiana de correr, entre vários outros.

Códigos M selecionados – restritos a itens não exigidos pela legislação relevante para um país ou mercado em particular

M023	Furgão com portas do lado esquerdo (LHD), até 1959
M028	Ambulância sem maca
M030	Tipo 21/23 em primer
M031	Tipo 22/24 em primer
M035	Picape com laterais de área de carga reforçadas
M051	Provisão para geradores duplos
M052	Porta traseira sem janela
M070	Ganchos de amarrar para picapes
M140	Caminhão de bombeiros para especificações alemãs
M142	Portas corrediças em ambos os lados
M177	Kombi sem os bancos do meio – bancos traseiros apenas
M200	Picape com plataforma de aço estendida
M201	Picape com plataforma de madeira estendida
M208	Equipamento de reboque
M209	Bancos para 9 pessoas – portas de carga duplas
M211	Bancos para 9 pessoas – portas corrediças dos dois lados
M222	Furgão com teto alto
M225	Veículo assistencial de revendedor Volkswagen
M415	Suporte de carga estendido para picape
M502	Prancha de painel lateral – Furgão e Kombi
M515	Unidade articulada
M529	Divisória de cabine com janela corrediça

53

A Pritschenwagen

Inicialmente, pode parecer que o pedido de Nordhoff de um protótipo da picape do ano de 1949 havia sido ignorado, já que os não essenciais Micro Bus De Luxe e a ambulância para mercados especiais estrearam antes do que logo viria a se tornar a figura principal da linha Kombi. Adotar esse ponto de vista é não compreender a posição de Nordhoff na Volkswagen e ignorar o fato de que a companhia do pós-guerra tinha poucos anos de existência.

Em 25 de agosto de 1952, quando a primeira picape surgiu pronta para o lançamento, Heinz Nordhoff havia sido ungido por seus funcionários e, em certa medida, pela nação alemã, como uma quase divindade. Ele era a um só tempo o pai da Volkswagen e seu líder inquestionável. Nada iria contra o julgamento de Nordhoff. Se ele havia insistido em que uma picape seria lançada em 1951, ou mesmo antes, em 1950, a tarefa teria sido cumprida pelos meios que fossem necessários. No entanto, o diretor-geral reconhecia que alguns de seus objetivos de 1949, a picape inclusive, só poderiam ser atingidos quando a segurança financeira da Volkswagen estivesse bem assegurada, e suas reservas, suficientes para os gastos com novos modelos de uma linha já existente e de muito sucesso. A ambulância era um desses casos; e a picape, mais ainda. Este veículo seria um ótimo modelo, gerador de renda, mas levá-lo à linha de produção envolveria muito trabalho e custos adicionais, ao contrário de outros itens anteriores da linha, inclusive a ambulância.

Primeiro, havia a necessidade de mais uma prensa, capaz de dar forma ao complicado painel que formava o teto da cabine do motorista e dos passageiros da picape. Teria de haver um considerável grau de engenhosidade para mudar de lugar o tanque de combustível e o estepe, o qual, à exceção da ambulância, ficava no compartimento do motor. Posicionar o tanque de combustível à direita da caixa de câmbio não era uma tarefa fácil, enquanto arranjar espaço para o estepe com a criação de um recuo no interior da cabine de passageiros era algo bem dispendioso. Como as entradas de ar eram instaladas nos outros modelos em lugares que não mais existiam na picape, era preciso pensar em um novo posicionamento delas, que passou a ser atrás do recorte das rodas traseiras e próximas ao confiável motor de 25 cv, o que era conveniente.

O desenho da Volkswagen para a sua picape foi bem pensado, com a altura de carregamento baixa, característica auxiliada pela sua capacidade de abrir para baixo todas as tampas laterais da carroceria, deixando o acesso livre. Todas as restrições foram assim eliminadas para que o carregamento de carga pudesse ser feito por qualquer lado ou pela traseira. Melhor ainda, no entanto, era a especificação básica do que os redatores da Volkswagen chamavam "dois assoalhos".

À direita: A picape foi introduzida com relativa demora no centro da linha Kombi, só estreando em 25 de agosto de 1952. Planejada desde o início como parte essencial da linha, o desenvolvimento e os custos de mudanças de equipamentos necessários para fazê-la exigiram que a empresa reforçasse suas reservas antes de prosseguir. Lançada no mercado, ela provou ser uma plataforma ideal, na qual se construiria depois uma variedade de modelos especiais.

UM ÍCONE, ONTEM E HOJE

Três belas imagens épicas da picape fazendo os trabalhos para os quais foram concebidas. O encanto está na composição de cada foto.

O departamento de projetos havia tido a brilhante ideia de criar uma segunda área de carga no espaço sob a plataforma de carga, atrás da cabine e na frente do motor. Acessado por uma porta com uma dobradiça em cima, este armário grande tinha um espaço total de 1,9 m², um lugar ideal para guardar ferramentas e outras coisas úteis para o proprietário do veículo.

A picape se revelou um sucesso instantâneo, como se vê na página 30, com um total de 1.606 veículos vendidos no final de 1952 – um período de apenas quatro meses. Os números da picape de 1956 em diante (os anos que não figuram na tabela anterior) foram:

1956	11.499
1957	16.450
1958	19.142
1959	24.465
1960	30.988
1961	36.822
1962	38.118
1963	39.458
1964	39.832
1965	37.444
1966	36.534

55

KOMBI

Na extrema esquerda: O motor 1500, emprestado do sedã e do furgão Tipo 3, foi introduzido na Europa, pela primeira vez, em março de 1963; no início como opção restrita a compradores das versões de passageiros. A opção foi estendida a todos os veículos em agosto do mesmo ano; em outubro de 1965, o menos potente motor de 1.200 cm³ foi tirado da linha. Com a potência extra obtida, a carga útil aumentou de 750 kg para 1.000 kg.

À esquerda: Os para-choques se tornaram mais robustos a partir de 1958. Nos dois anos finais de produção, eles ganharam o que pode ser mais bem descrito como extremidades de estilo pontudo, ou de diamante. No final de 1963, rodas de 14 pol., como aqui, passaram a ser itens de série, substituindo as anteriores, de 15 pol.

Abaixo: A picape havia sido parte da lista de opções da Kombi planejada por Nordhoff desde o começo. Sua estreia foi atrasada por causa dos custos gerados pela criação de novos painéis para a área da cabine, modificação da localização do tanque de combustível e do desenho do compartimento do motor, devido à necessidade de uma plataforma plana. Mas, depois de introduzida no mercado, o aumento de faturamento do seu fabricante foi substancial. O pico de produção ocorreu em 1964, quando 39.832 unidades foram produzidas em apenas doze meses.

UM ÍCONE, ONTEM E HOJE

Acima: Armações com encerado eram fornecidas por preço extra e tornavam a picape ainda mais versátil. Ao mesmo tempo em que ilustra formas de utilização potenciais, esta imagem também serve para nos lembrar de que, com sua plataforma plana, a picape era mais adequada para receber vários tipos de conversões especiais de carroceria.

Na extrema esquerda: As grandes lentes de indicadores de direção chamadas "olho de peixe" foram introduzidas nos EUA em 1961, e na Europa, em 1963, no lugar dos antigos indicadores em formato de bala, sob a alegação de que o formato anterior poderia oferecer perigo para pedestres.

À esquerda: Marcas de uma Kombi mais recente da primeira geração: lanternas traseiras maiores, de três partes, incorporando funções de sinalização, uma característica desde meados de 1961; maçaneta da tampa do compartimento do motor de botão com apoio para o dedo, e as marcas de estampagem da tampa traseira metálica da picape, visíveis próximas à parte superior da imagem, o que teve início em 1953.

KOMBI

Acima e abaixo: Em 1967, quando esta picape foi fabricada, o custo do veículo teria sido 680 libras esterlinas, o que a tornava a Kombi mais barata, ao lado do furgão com portas laterais corrediças apenas no lado esquerdo. Para comparar, o Fusca 1300 era oferecido por 661 libras esterlinas, enquanto a Kombi mais sofisticada da linha, o Micro Bus De Luxe, custava bem mais, 1.286 libras esterlinas. Poucos anos antes, a capota de lona causava um acréscimo de 40 libras ao preço de venda da picape. Como observação, este modelo de 1967 ilustra a localização modificada e a quantidade maior de aberturas de refrigeração do motor, que ficavam antes no canto traseiro.

Abaixo: Desde os primeiros tempos da picape, os redatores da Volkswagen exploraram as vantagens do que eles chamavam de "veículo com dois assoalhos". "Mercadorias facilmente danificáveis podem ser acondicionadas no assoalho inferior, que forma um compartimento fechado, onde elas ficam protegidas contra intempéries, poeira e até de ladrões, já que o compartimento pode ser trancado. Ambos os espaços, superior e inferior, são desimpedidos e livres de árvores de transmissão ou de caixas de rodas. [...]"

UM ÍCONE, ONTEM E HOJE

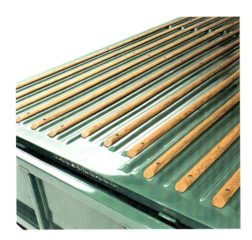

Acima: Quinze ripas de madeira rígida foram fixadas à caçamba plana da picape numa tentativa, até que bem-sucedida, de proteger a superfície metálica. Um breve olhar para a estrutura da tampa traseira ilustra como a robustez e a rigidez foram obtidas a partir de uma simples chapa metálica estampada.

À esquerda: Desde o lançamento do ano-modelo 1963, o conforto do motorista foi bem melhorado com a adoção universal da ideia de Nordhoff (de 1949) de que o condutor do veículo deveria ter um banco separado e regulável. A inclusão da bomba-fole preta sobre o reservatório branco opaco do lavador de para-brisa foi feita em agosto de 1964, e o sistema elétrico de 12 volts, destacado pelo proeminente adesivo de perigo, tornou-se de série no ano-modelo 1967.

59

KOMBI

Hora de apreciar

Hora de apreciar uma porção de imagens do final dos anos 1950 e 1960, pelas lentes de vários fotógrafos contratados pela Volkswagen para vender a história da primeira geração de Kombis de várias formas.

O Micro Bus de Luxe, modelo mais sofisticado da linha, era fotografado com frequência em lugares exóticos, mas também apareceu na capa de um folheto especial intitulado Meu ônibus escolar.

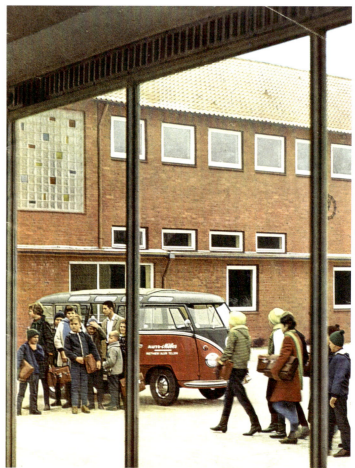

UM ÍCONE, ONTEM E HOJE

Acima, à esquerda: Quando estas imagens foram registradas, dezesseis Kombis estavam em uso no aeroporto de Dublin. O incomum, mas totalmente legítimo, Micro Bus De Luxe sem teto solar e claraboias era uma das estrelas do conjunto.

Acima: O tema aeroporto havia resistido à passagem do tempo. Em contraste com as imagens dos anos 1960 mostradas (acima à esquerda), a Kombi ilustrada aqui é um modelo "porta de celeiro" do início dos anos 1950.

No centro, à esquerda: Fotografadas em 1961, estas duas irmãs dirigiam Kombis em seu trabalho de cabeleireiras itinerantes.

Na extrema esquerda e à esquerda: A Volkswagen oferecia uma ampla variedade de fotos inspiradoras, de um só veículo e também de interessantes agrupamentos, quando se tratava do furgão.

61

Novos acréscimos à linha Kombi

Após o acréscimo da picape, a linha principal de modelos da Kombi ficou completa, uma vez que o veículo, em suas várias formas, proporcionava a desejada versatilidade de usos. No entanto, num aparente desafio àquilo que havia se desenvolvido tanto, dois outros modelos surgiram na categoria chamada principal ou básica. O primeiro foi uma aparente apropriação do trabalho realizado por uma fabricante de carrocerias durante vários anos e ocorreu no segundo semestre de 1958, ao passo que a estreia de um furgão com sua própria forma realizou-se em setembro de 1961. Embora ambos possam ser considerados por alguns apenas variantes de ideias já existentes, verdadeiros Sonderausführungen, o fato de o material publicitário da própria Volkswagen ter dedicado muito mais espaço em suas páginas a esses modelos do que a quaisquer outros produtos básicos indica que tal explicação parece não ter base. Mais significativo ainda é que ambas as opções foram mantidas na geração seguinte e nas demais da Kombi, e continuam campeãs de vendas cinco décadas depois.

Já se falou aqui da picape cabine dupla produzida pela Karosseriefabrik Binz, de Lorsch, Württemburg, entre outubro de 1953 e os primeiros meses de 1959, quando a tomada de controle no estilo Volkswagen, de ataque pelos dois flancos, havia se completado. Não se sabe exatamente quantos modelos a Binz produziu, embora ainda circulem rumores de que teriam sido impressionantes 600 unidades. Embora alguns possam ter sido resultado do trabalho encomendado por clientes que entregaram suas picapes de cabine simples à Binz para modificá-las, a maioria foi encomendada durante visitas a revendedores Volkswagen locais, após escolha através do material promocional apropriado.

A Binz recebia picapes de cabine simples de Hanover com acabamento apenas em primer. Eles então cortavam a parte traseira da cabine, aumentavam-na para trás cerca de 850 mm, e então instalavam uma nova seção de teto, outra porta, com janela fixa, e uma seção metálica na lateral correspondente, do outro lado, sem porta, e uma divisória. Em seguida, cortavam as tampas laterais para comportar a cabine maior. Algumas conversões da Binz ainda existem, mas é justo dizer que o trabalho não seguia necessariamente os padrões impecáveis da Volkswagen, ao passo que uma porta de cabine traseira tipo suicida não parecia adequada.

A grande questão era se a Volkswagen assumiu o controle da produção em consequência de uma legítima preocupação com a qualidade ou se as vendas até então eram suficientes para Hanover calcular quanto poderia faturar se fabricasse o modelo por conta própria.

Da mesma forma que ocorreu com a picape de cabine simples, era necessário providenciar um razoável reequipamento. Mas, em 1958, a Volkswagen tinha recursos financeiros suficientes para isso, sem que o ônus lhe pesasse demais, ao passo que alguns dos processos de planejamento exigidos pela cabine simples ou não eram necessários ou podiam ser repetidos sem problema. Na essência, a Volkswagen tinha de modificar uma prensa para produzir um painel de teto maior, criar uma porta completa com janela que pudesse ser aberta, uma maneira de abri-la da mesma forma que se abriam as outras portas da cabine, e produzir uma plataforma de carga mais curta, além das tampas laterais. Um elemento que não sobreviveu à transformação de cabine simples em dupla foi o compartimento de armazenamento sob a plataforma de carga, o que foi compensado pela criação de um compartimento sob o banco traseiro, o qual, pela própria natureza, mantinha longe do olhar de ladrões coisas de valor, como o velho armário havia feito.

Com a capota de lona ainda disponível e com uma altura de armazenamento seco para mercadorias com até 1.200 mm, além de uma generosa área de carga de 1.755 mm por 1.570 mm, e a vantagem extra de lugar para seis pessoas, a Pritschenwagen mit Doppelkabine (picape com cabine dupla) estava destinada a se tornar um sucesso. As vendas do Fusca e da Kombi nos Estados Unidos haviam aumentado nos últimos anos, e a opção, a picape para seis passageiros, como os catálogos a chamavam, era ideal para aquele mercado.

A ideia de um furgão de teto alto, em geral maior ou mais avantajado, é tão

Abaixo: Até 1958, os fabricantes de carrocerias Binz produziam uma versão da picape de cabine dupla. De acabamento e execução um tanto primitivos, as vendas foram, não obstante, boas o bastante para que a Volkswagen assumisse o projeto.

natural hoje que algumas pessoas quase olhariam com desdém para um veículo comercial com distância curta entre eixos e capota baixa, como se fosse o equivalente a um triciclo do século XXI. Mas, voltando ao início dos anos 1960, e apesar do fato bastante óbvio de que naquela época o projeto da Kombi já tinha mais de 11 anos de existência, o conceito de um furgão com capacidade de armazenagem de artefatos que exigiam mais espaço médio do assoalho até o teto era quase inovador. Por esse motivo, se não por outros, seu reconhecimento como um modelo à parte, com identidade própria em inúmeros exemplos nos atraentes e graciosos catálogos promocionais da Volkswagen, era totalmente justificável, embora, na verdade, ela não fosse nada mais que um furgão com um teto mais alto.

Além dos painéis estendidos para acima da linha da cintura, o furgão de teto alto tinha portas laterais mais altas. Já o tamanho da porta traseira do veículo não foi aumentado; um painel metálico preenchia o espaço que havia entre a tampa e o teto. O painel mais complexo, e muito desafiador, era curvo, para acomodar o para-brisa dividido. No que

À esquerda: Uma impressionante fileira de picapes de cabine dupla novinhas, destinadas a servir como veículos de apoio na construção de estradas, que estavam sendo feitas nas proximidades de Munique.

diz respeito ao custo, havia um acréscimo razoável no preço ao consumidor.

Na Grã-Bretanha, em 1967, o último ano de produção da Kombi da primeira geração, um furgão simples, sem nenhum acabamento especial, custaria ao consumidor 680 libras esterlinas. O furgão de teto alto custaria mais 230 libras esterlinas, um acréscimo de 24%.

Não obstante o preço bem maior de um teto alto, elas começaram a surgir por toda a Europa e em outros lugares. Além dos compradores típicos, como os comerciantes de roupas, cujos longos vestidos e assemelhados podiam agora ser entregues sem amassar, o correio alemão também considerou esses veículos adequados às suas necessidades. Entretanto, uma adaptação feita com frequência era a instalação de uma janela de atendimento no lado oposto ao das portas de carregamento: peruas de cafés móveis e até de peixes e petiscos eram comuns.

À esquerda: Um veículo que chegou tarde à linha Kombi foi o furgão de teto alto, que estreou no mercado no segundo semestre de 1961, parcialmente como o ano-modelo 1962. Adorado pelos apreciadores do comércio de roupas, a altura adicional foi inteiramente criada a partir de painéis de aço.

Um desvio para a Austrália

A Volkswagen da Austrália era uma das fábricas fora da Alemanha. Nas mais famosas – México e, em especial, Brasil –, aos olhos europeus, ocorriam diferentes excentricidades de estilo e especificações, mas na fábrica Clayton desenvolveu-se o que foi promovido como "Container Van". Quando os importadores australianos passaram de insignificantes quatro veículos em 1953 para mais substanciosos 299 no ano seguinte, o processo progrediu da simples importação para a montagem de conjuntos CKD (completamente desmontados) fornecidos pela Alemanha, aos quais um percentual de componentes de fabricação local poderia ser acrescentado, como tapetes e pintura. Veio o ano de 1958 e trabalhava-se para chegar à manufatura completa, resultando em produção maior e consequente redução do custo unitário. Desse movimento, surgiu um veículo único no mercado australiano e mais uma variação com a criação de espaço extra para armazenamento de artigos grandes e volumosos, mas em geral leves.

O Volkswagen Container Van, criado em 1962 para o ano-modelo 1963, tinha carroceria de aço de 6,8 m³ soldada à cabine, para assegurar que fosse à prova de água. O material promocional da Volkswagen (Australásia) Pty Ltd trazia as seguintes informações em linguagem formal:

"As grandes portas de abertura dupla do Container Van na traseira e na lateral facilitam muito o trabalho de carga e descarga. A abertura dessa porta lateral mede 161,3 cm de altura por 106,6 cm de largura, e a abertura da porta traseira, que fica a uma altura conveniente para o carregamento em plataformas, mede 111,7 cm de altura x 143,5 cm de largura. Pode-se facilmente entrar andando em seu interior – o assoalho está apenas 50 cm acima do nível do solo, e há 1,82 m de espaço até o teto".

Os números das vendas do Container Van não foram tão impressionantes, mas garantiram a criação de um Departamento Especial de Carrocerias dentro da fábrica Clayton, unidade que também atendia às necessidades de frotistas, providenciando, como o fez, a confecção de carrocerias fora dos padrões oficiais. Os Sonderausführungen, sob outro nome, haviam aberto seu próprio caminho para a Austrália, mais uma vez mostrando o ecletismo da Kombi como base para várias opções, satisfazendo a sempre presente demanda de Wolfsburg por mais vendas no mercado interno e externo e, claro, nas suas operações-satélites, das quais a propriedade parcial ou total era inevitável.

Aprimoramento contínuo

Após ter mostrado um amplo panorama dos modelos que compõem a linha Kombi da Volkswagen, que, por acaso, resultou num valioso trabalho preliminar para capítulos futuros, é preciso incluir aqui um breve consenso da filosofia de Nordhoff em relação à política de modelos para entender por que o mesmo estilo de Kombi permaneceu em produção durante quase dezoito anos. Poucos desconhecem a longevidade do Fusca de Nordhoff ou a discussão acalorada entre entusiastas quando se tornou claro, em 1970, que a Volkswagen estava mudando de rumo. As alocuções públicas de Nordhoff sobre políticas de modelos estavam relacionadas ao Fusca, em vez de à Kombi, mas são também relevantes para todos os modelos da linha compacta da empresa; uma marca de seu mandato de vinte anos como diretor-geral.

Em novembro de 1965, Nordhoff fez um discurso na Sociedade de Engenheiros Automobilísticos (SAE) americana. O motivo era a apresentação do prêmio Elmer A. Sperry, uma honraria conferida àqueles que deram uma importante contribuição aos transportes, e a primeira ocasião em que ele havia sido destinado a um fabricante de automóveis. Durante seu já costumeiro

À direita: À primeira vista, não parece haver nada de diferente no conjunto de Kombis mostrado aqui. No entanto, atente para as entradas de ar acima da linha de estampagem, posicionadas de forma a ajudar o motor a enfrentar climas quentes e ambientes poeirentos, e o incomum veículo de entregas com um grande baú atrás da cabine. Este é o conjunto de Kombis australianas dos anos 1960, fabricadas pela fábrica Clayton da Volkswagen. Os painéis de teto da picape são diferentes porque abrigam um sistema de aberturas de refrigeração, enquanto o Container Van – fabricado pela primeira vez em 1962, com 6,8 m³ de espaço de carga – era único naquele mercado.

Números de produção 1956-66

Produção mundial (ano e (quantidade)	Furgão	Micro Bus	Micro Bus De Luxe	Kombi	Picape	Ambulância	Produção total na Alemanha
1956 (62.500)	22.657	9.726	2.072	16.010	11.449	586	62.600 (25% de aumento sobre 1955)
1957 (91.993)	30.683	17.197	3.514	23.495	16.450	644	91.983 (47% de aumento)
1958 (105.562)	36.672	19.499	4.342	21.732	19.142	486	101.873 (11% de aumento)
1959 (129.836)	41.395	22.943	6.241	25.699	24.465	710	121.453 (19% de aumento)
1960 (151.218)	47.498	22.504	7.846	30.425	30.988	658	139.919 (15% de aumento)
1961 (168.600)	45.121	25.410	8.095	35.950	36.822	883 +4	152.285 (9% de aumento)
1962 (180.337)	47.237	29.898	11.280	38.506	38.118	728 +7	165.774 (9% de aumento)
1963 (189.294)	47.891	31.196	14.764	40.882	39.458	675	174.866 (5,5% de aumento)
1964 (200.325)	48.481	40.115	14.031	44.659	39.832	829	187.947 (7,5% de aumento)
1965 (189.876)	43.723	37.933	12.467	44.331	37.444	864	176.762 (6% de decréscimo)
1966 (191.373)	43.084	30.767	18.790	46.284	36.534	816	176.275
1967 (162.741)	Os números não podem ser desdobrados – incluem a segunda geração da Kombi.						141.569

extenso discurso, Nordhoff proferiu as palavras-chave que se seguem:

"Afastei todas as tentações de modificar o modelo e desenho. Em qualquer bom desenho há possibilidades quase ilimitadas... Não vejo sentido em começar outra vez, a intervalos de poucos anos, com os mesmos pequenos problemas, tornando obsoleto todo o passado. Desagradei às pessoas. Corri o risco de me desviar do caminho normal e de fazer algo incomum, mas muito construtivo. [...]

"Oferecer às pessoas um valor honesto, um produto da mais alta qualidade, com baixo custo original e incomparável valor de revenda, me interessava mais que ser conduzido por um monte de estilistas histéricos tentando vender às pessoas algo que elas não querem realmente ter. E ainda me interessa! Melhorar continuamente a qualidade e o valor, sem aumentar os preços [...] produzir um produto do qual eu e todos os funcionários da Volkswagen se orgulhem, e ao mesmo tempo obtendo lucros suficientes, sob o sistema econômico de livre iniciativa para aprimorar as unidades de produção com os equipamentos mais modernos [...] e, assim, aumentar a produção e a produtividade a cada ano – essas coisas são, na minha opinião, tarefas de um engenheiro...

"[...] Cada peça deste carro foi refinada e aprimorada ao longo dos anos – essas continuarão sendo nossas 'mudanças de modelos'. Esta política exigiu, é claro, muito no sentido de determinação e intrepidez de minha parte e dos membros de nossa organização. Mas nos conduziu ao sucesso, e não há maior justificativa que o sucesso, com o que qualquer engenheiro haverá de concordar."

Os números de vendas da Kombi, como os de seu congênere Fusca, mostravam a astúcia de Nordhoff, já que seguiam aumentando ano após ano. Como era de esperar, as exportações ajudaram bastante, como também, entre outras coisas, uma importante mudança na orientação das ações de promoção e propaganda da Volkswagen (um assunto que será abordado novamente em breve). Mesmo uma nova fábrica dedicada à fabricação da Kombi pode ter sido um elemento secundário na história de sucesso do veículo. No entanto, os fatores principais eram a qualidade, a confiabilidade, a reputação e o valor de revenda.

Nordhoff tratou a queda dos números de produção ocorrida entre 1964 e 1965 de maneira adequada. Assim como no caso do Fusca, ele não proibira o trabalho de desenvolvimento de um possível substituto

para sua adorada Kombi, mas havia, simplesmente, recusado os resultados apresentados pelos pesquisadores por não considerá-los à altura do que ele já tinha. O primeiro protótipo potencial da segunda geração, que recebeu o código EA114, surgiu em 1960. Três anos depois, o projeto ressurgiu, e, nessa ocasião, Nordhoff deu a Gustav Mayer, chefe do Departamento de Desenvolvimento de Veículos Leves, permissão para levar o projeto adiante, embora sem a garantia de que o veículo chegaria a ser produzido. No final de 1964, ou, mais realisticamente, nos primeiros meses de 1965, Nordhoff autorizou a substituição da primeira geração da Kombi e, à sua maneira habitual, pressionou o corpo funcional a aprontar o novo modelo o mais rápido possível.

Embora possa parecer irrelevante na história da Kombi o fato irrefutável de que o professor Nordhoff podia substituir um produto então preservado, num momento em que a economia sugeria que isso seria sensato, deveria ter calado aqueles que, nos anos posteriores, argumentaram com convicção que a obstinação de Nordhoff em preservar o velho Fusca levara a Volkswagen a uma situação difícil nos anos 1970. Essa é uma história para outra ocasião e lugar, mas não deve ser esquecida.

Indo para Hanover com o aumento da produção

"A fábrica da Volkswagen em Hanover, que iniciou sua operação em 1956, é considerada a mais moderna e bela fábrica de automóveis da Europa. Aqui, o melhor maquinário combina com a automação e a tradicional habilidade alemã para alcançar a precisão e confiabilidade dos caminhões e caminhonetes Volkswagen. Esta é uma fábrica que foi de fato construída por demanda popular. Ano após ano, a grande procura por Volkswagens exigia um aumento constante da produção. Tornou-se imperativa a construção de uma nova fábrica.

"Hoje, a famosa fábrica de Wolfsburg só produz Fuscas. Mais de 2.000 saem da linha de montagem todos os dias. Em Hanover, a produção diária de veículos comerciais leves e caminhonetes passa de 400 unidades." (Excerto de *Getting ahead with Volkswagen Trucks and Station Wagons*, publicado pela primeira vez em 1958.)

A decisão de Nordhoff de transferir a produção da Kombi de sua conveniente linha de montagem em Wolfsburg para um território inexplorado da histórica Hanover, distante cerca de 75 km, pode,

No alto, à direita: Em 1955, o diretor-geral Nordhoff determinou que a Kombi deveria ter uma fábrica exclusiva e, mais importante, seus próprios funcionários. Esta maquete ilustra a natureza funcional do edifício.

Acima e à direita: No final de maio de 1955, a construção da nova fábrica de Hanover progredia. A Volkswagen diz ter utilizado 1.112 m de vigas e barras, e 24.800 m de colunas.

a princípio, parecer estranha. Wolfsburg havia sido projetada para dar conta da produção em grandes quantidades, anualmente equivalente a milhares, em vez de centenas, de veículos diários. A modesta quantidade de 170 Kombis que saía da linha de montagem por dia, somando 40.119 em 1954, dificilmente poderia ter sido um impedimento à fabricação de 202.174 Fuscas no mesmo período. Ou poderia?

Três questões ocupavam o pensamento de Nordhoff. A demanda pela Kombi crescia a cada ano num ritmo acelerado e, em menos de cinco anos de fabricação, a Kombi nº 100.000 foi fabricada em Wolfsburg, em 9 de outubro de 1954. Igualmente importante era a insaciável demanda por Fuscas. Em agosto de 1955, foi fabricado o milionésimo exemplar desse carro, apenas dois anos depois das comemorações pela produção da unidade nº 500.000. Não importa quanto dinheiro Nordhoff tenha investido na produção do Fusca – e naquela época os cofres da Volkswagen estavam, se não transbordando, certamente bastante cheios –, ele não conseguia suprir uma demanda sempre crescente. Este era um problema que o atormentaria ainda durante muitos anos. Falando na Suíça, em março de 1960, Nordhoff disse à plateia que, dois anos antes, ele havia tomado atitudes drásticas para "normalizar esta relação". E prosseguiu:

"Em 1959, investimos 500 milhões de marcos e aumentamos a produção de 1.000 Fuscas diários para 3.000. Em 1960, investimos outros 500 milhões de marcos, e em janeiro aumentamos a produção em cem Fuscas por dia; em fevereiro, foram mais cem por dia; e em março, outra vez, em mais cem unidades diárias. No final de 1960, produziremos 4.000 Fuscas por dia. Aí, acreditamos que teremos alcançado um equilíbrio entre a oferta e a demanda [...]"

Mas, desta vez, Nordhoff estava errado, já que, mais uma vez, as vendas ultrapassaram as previsões mais otimistas. A previsão do diretor-geral ao transferir a produção da Kombi já havia rendido dividendos por mais de um ano nessa época, enquanto a terceira preocupação de Nordhoff, a falta de pessoal local suficiente para operar a fábrica, teria se exacerbado ainda mais se uma nova fonte de mão de obra não houvesse sido providenciada. Dos 35.000 habitantes de

Acima: Esta imagem aérea da fábrica de Hanover é de 1962. Ela já havia se expandido bastante e produzia então 750 Kombis, além de 5.000 motores diariamente; 20.000 pessoas trabalhavam lá.

À esquerda: Já operando, a primeira fase da fábrica de Hanover se completou em meados de 1956. A elevação oeste e o prédio da administração estendiam-se por cerca de 380 m.

Wolfsburg, mais de 24.000 trabalhavam na fábrica da Volkswagen em alguma função. Apesar das distâncias que havia e da ausência de uma autoestrada entre Hanover e Wolfsburg, uma quantidade razoável de pessoas viajava do local de grande desemprego para Wolfsburg. Uma fábrica de Kombis em Hanover ou próxima dela aliviaria futuras pressões sobre Wolfsburg de várias formas. Sim, aliviaria Wolfsburg de ter de encher mais corredores e filas com Fuscas, mas, fundamentalmente, abriria um novo campo para potenciais empregados.

A decisão de transferir a produção da Kombi foi tomada em 24 de janeiro de 1955, e em 4 de fevereiro foram adquiridas terras em Stöcken e nos arredores de Hanover. Com uma área de mais de 112 hectares, 40 dos quais destinados a alas de montagem, os trabalhos de construção começaram em 1º de março, após a cerimônia de lançamento da pedra fundamental pelo diretor-geral. O progresso, como seria de prever com Nordhoff no comando, foi rápido, e o primeiro veículo, uma picape azul Dove, saiu da fábrica em 8 de março de 1956. Em 20 de abril, a produção estava a plena capacidade, e a expansão do conjunto de edifícios original

Embora a fábrica de Hanover fosse considerada a mais moderna na época de sua inauguração, o conjunto de imagens desta página sugere processos de acabamento desorganizados, que seriam inaceitáveis nos dias atuais. Por outro lado, várias imagens de arquivo de sistemas automatizados e prensas novas podem mostrar com mais precisão a realidade. (Observe a ambulância na imagem menor ao lado.)

logo se tornou necessária. Um segundo prédio estava em construção em 1958, e mais uma ampliação foi feita em 1960.

A iniciativa de Nordhoff foi totalmente apropriada. A Kombi nº 200.000 saiu da linha de montagem em 13 de setembro de 1956 e, em 25 de agosto de 1959, o mágico número de meio milhão foi atingido. Isso, é claro, seria pouco comparado a um total final de 1.833.000 Kombis da primeira geração fabricadas em solo alemão antes de o modelo ceder espaço a seu sucessor, em meados de 1967. De todos os marcos da Kombi da primeira geração, no entanto, é provável que o mais significativo tenha sido o da milionésima. Assim foi com o Fusca, quando o carro se tornou o modelo com maior número de unidades fabricadas de todos os tempos. O diretor-geral estava à disposição e, como de costume, fez um longo discurso no qual deu uma descrição geral das operações até o momento.

"Ninguém previu que... [nossa Kombi] haveria de se transformar no precursor de um tipo de veículo totalmente novo, representando, como fez, um gênero de veículos com frequência imitado quase fielmente.

"Quando alguém fala em veículos, em geral pensa em carros, mas a produção dessas Kombis com capacidade de até 1.000 kg representa um segmento considerável por suas próprias qualidades, provavelmente o mais novo de toda a indústria automobilística, tanto na Europa como nos Estados Unidos.

"Embora também fabrique motores, foi graças à Kombi que começamos a construir nossa fábrica em Hanover, que hoje emprega 20.000 pessoas. 63% de todas as Kombis são exportadas, e sua fatia de mercado neste setor recém-criado é bastante grande em vários países. Ela é de 40,5% neste país, e na Bélgica, Holanda, Áustria, Suécia e Suíça é de 50% ou mais. Mesmo nos Estados Unidos, ela representa 5%, o que, na verdade, é uma grande conquista, considerando o tamanho do mercado de lá. A Kombi não é apenas o original, mas também permanece como líder em sua classe.

"No tempo relativamente curto de menos de quinze anos, algo completamente novo foi criado pela fábrica Volkswagen, do qual se pode dizer que é 'muito copiado, nunca igualado'."

À esquerda: A chegada da milionésima Kombi foi registrada em 20 de setembro de 1962, um feito que levou pouco mais de doze anos para ser alcançado. Outro milhão se juntaria a esse número em menos de seis anos!

Abaixo: A Volkswagen foi bem-sucedida ao capturar o momento em que a milionésima Kombi saiu da linha de montagem em Hanover (abaixo, no alto, à direita). Outras fotos tiradas por volta da mesma época comprovam a ininterrupta saída de 750 furgões, picapes e micro-ônibus a caminho de 130 países em todo o mundo.

KOMBI

À direita: A escolha, no último ano da década de 1950, da agência de propaganda Doyle Dane Bernbach causou uma transformação nos anúncios automobilísticos. Embora inicialmente encarregada de promover o Fusca, a DDB logo acrescentou a Kombi ao seu acervo. Anúncios peculiares com mensagem única, às vezes até denegrindo o produto, funcionaram à perfeição e representaram um papel importante na transformação do Fusca e da Kombi em veículos venerados no começo dos anos 1960.

De Reuters para a DDB

Apesar da tentação de desfiar elogios ao maravilhoso trabalho artístico realizado pelo artista Bernd Reuters e outros, para promover a Kombi, o Fusca e o Karmann-Ghia durante boa parte dos anos 1950, como este livro não é dedicado às atividades promocionais e de políticas de mercado da Volkswagen, qualquer tentativa nesse sentido será evitada. Enquanto as vendas sempre crescentes da Kombi trouxeram uma abundância de catálogos e uma estratégia de mercado teoricamente supérflua, ocorreram fatos no final da década que, não obstante, colocariam a Kombi e os demais integrantes da família Volkswagen em um patamar mais elevado.

Preocupado com as ameaças veladas, no início, das gigantes fabricantes de veículos americanas General Motors, Ford e Chrysler de produzir concorrentes de mercado compactos, se não pequenos, do Fusca (então o mais bem-sucedido carro importado da história da indústria automobilística americana, e em consequência visto como uma ameaça a companhias que haviam usufruído um monopólio durante vários anos), o mais recente diretor da Volkswagen da América resolveu adotar medidas de precaução para manter a posição da marca no mercado. Carl Hahn, protegido de Nordhoff e futuro diretor-geral, resolveu contratar uma agência de publicidade para promover o Fusca e, por conveniência, a Kombi, a fim de repelir ataques potenciais.

A longa e árdua busca de Hahn levou à descoberta casual da Doyle Dane Bernbach, quase novata no mercado publicitário, com um histórico de menos de dez anos, mas cuja entrevista foi inspiradora. Em vez de apresentar uma série de propostas de eficácia comprovada, a DDB mostrou a Hahn uma seleção de materiais de sua carteira de clientes. Tal era o dinamismo de seu trabalho que Hahn lhe propôs um contrato para promover o Fusca de um dia para o outro. Mas, por precaução, ele atribuiu o trabalho de propaganda menos importante à Fuller, Smith and Ross, uma agência cujo trabalho principal estava relacionado à propaganda industrial. No entanto, ao cabo de apenas um ano, ele cancelou o contrato e, em seguida, tornou a DDB a única agência de propaganda da Volkswagen nos Estados Unidos.

A Doyle Dane Bernbach revolucionou a propaganda da Volkswagen quando suas afirmações arrojadas, imagens inteligentes e mensagens de uma história para cada anúncio se espalharam dos Estados Unidos para todos os cantos do império Volkswagen. Foi abolida a prática de vender o Fusca ou a Kombi como se fossem o que não eram, assim como o exagero. Passou-se a empregar a honestidade, clareza e simplicidade. Com isso, os produtos Volkswagen logo se tornaram adorados. Os ricos, os famosos, os tipos que não podem se deixar ficar por baixo, eram atraídos como ímãs para os Fuscas e a Kombi.

O texto de apenas um anúncio ilustra o estilo da DDB; não há necessidade de escrever mais. Ante a visão lateral de um furgão, há abaixo uma manchete com os seguintes dizeres: "Como perder dinheiro de maneira mais lucrativa". O texto dizia assim:

"Ele é um bom cliente. É um pedido pequeno. (O lucro talvez seja de 10 centavos.)

Se você o enviasse por 8 km com um caminhão convencional (ao custo de 3,4 centavos de dólar por km), perderia mais do que ganharia.

Então, você pede ao seu cliente que venha retirar o produto. Talvez ele entenda.

Mas, se você enviá-lo por 8 km em uma Kombi (ao custo de 1,4 centavo de dólar por km), isso não lhe custaria muito.

Isso certamente deixaria seu cliente muito contente.

E é um meio mais lucrativo de perder dinheiro.

Não é?"

Da renovação total aos 12 volts

Como este livro não é nenhum manual de especificações, vamos deixar claro desde o começo, nesta seção, que poucas das modificações feitas na Kombi em seus quase dezoito anos de história são mencionadas aqui. O que há, em vez disso, são fartas provas da estratégia de aprimoramento contínuo de Nordhoff. Às vezes, os aprimoramentos foram mencionados em parágrafos anteriores. As repetições aqui são feitas apenas para estabelecer uma cronologia adequada.

No entanto, uma evolução da era da primeira geração da Kombi merece mais que uma menção passageira, mesmo num resumo. A essência das mudanças realizadas em março de 1955 está no fato de os modelos lançados apresentarem falhas, por conta da pressa com que foram postos no mercado, em 1949. Uma afirmação tão impressionante pode sugerir que a Volkswagen lançara um produto inferior, mas isso está longe de ser verdade, como as vendas em alta e a ausência de qualquer concorrência de verdade comprovam. Contudo, a falta de acesso pela traseira, apesar das amplas portas laterais do veículo, era um problema, ao passo que a amplidão do compartimento do motor significava um mau aproveitamento do espaço disponível. Da mesma forma, a falta de ventilação na cabine e o consequente problema da condensação eram irritantes para os ocupantes do veículo e, com certeza, inadequados para o chamado luxo do Micro Bus De Luxe. É possível que, numa época de maior prosperidade, o painel de instrumentos simples também fosse visto como um tanto pobre, em especial em veículos como o Micro Bus e, em menor grau, como a Kombi.

Pouco mais de dois anos antes, Nordhoff havia considerado essencial fazer uma renovação completa no Fusca, e isso foi depois do lançamento de um verdadeiro modelo De Luxe, ou Exportação, em meados de 1949. Agora era essencial que a Kombi passasse por uma plástica, para usar uma expressão moderna – algo que o Nordhoff teria considerado abominável. Tempo e dinheiro haviam sido gastos no desenvolvimento da ambulância com acesso traseiro. Da mesma maneira, haviam sido empregados recursos para reduzir o tamanho do compartimento do motor e para mudar a posição do tanque de combustível a fim de criar uma plataforma plana para a picape. Tudo o que os estilistas da Volkswagen tinham de fazer era aplicar essas mudanças a todos os modelos.

Como resultado das exigências de Nordhoff, a Kombi passou a ter uma nova aparência na frente, com a forma de uma aba acima do para-brisa. Algumas pessoas reclamaram da perda da elegante prega no painel do teto, mas todos ficaram contentes ao ver que os problemas de ventilação haviam sido solucionados com a inclusão de aberturas para entrada de ar sob a aba. No interior, e sem restringir o espaço sobre a cabeça nem a visibilidade, a área da cabine tinha agora uma grande caixa de distribuição de ar. A Volkswagen estava tão orgulhosa dos aprimoramentos que seu material promocional passou a incluir um texto informativo sobre as melhorias:

"O ar fresco é admitido através da entrada acima do para-brisa – muito acima da rua poeirenta – e direcionado à cabine, ao compartimento de carga, ou a ambos. Este sistema de condicionamento de ar permite a renovação do ar que entra uma vez a cada minuto, com o veículo em movimento."

Com os novos mecanismos de ventilação, muita gente ficou encantada, e quem havia comprado o Micro Bus De Luxe por suas características exclusivas ficou decepcionado. Com a renovação, todos os modelos de Kombi, do simples furgão e da picape para trabalho ao dito luxuoso Micro Bus De Luxe, tinham agora um painel de instrumentos integral, que não era simplesmente uma reforma do antes restrito ao modelo mais sofisticado da linha. Embora o novo painel fosse muito simples, com pouco mais que grandes extensões de puro metal pintado, ele representou um aprimoramento em relação ao modesto painel anterior, enquanto o acréscimo de uma haste na coluna para os indicadores de direção, o aprimoramento de uma chave de ignição no painel e a instalação de um cinzeiro beiravam o luxo.

Na traseira da nova Kombi, a tampa do motor "porta de celeiro" – não que Nordhoff permitisse que fizesse esse tipo de referência a ela – virou coisa do passado. Aproveitando a experiência adquirida na criação da ambulância e da picape, o principal benefício da renovação foi uma porta de acesso traseira, medindo 900 mm de largura por 730 mm de altura. Uma segunda vantagem foi a tampa externa do tanque de combustível, com a qual não era mais necessário abrir o compartimento do motor para o abastecimento. Um compartimento de motor mais compacto causava pouca ou nenhuma dificuldade, já que todos os itens essenciais de manutenção permaneceram acessíveis, e um ganho definitivo foi o aumento de espaço na área de carga do furgão, agora com 4,8 m³, ou na parte traseira de um modelo de transporte de passageiros. Alguns talvez tivessem preferido manter um lugar para o estepe no compartimento do motor, mas a maioria deve ter ficado muito satisfeita com sua nova localização, em um compartimento criado atrás do banco da cabine do motorista – uma solução para o problema de armazenamento criado quando a picape foi discutida pela primeira vez.

Por fim, embora alguns tenham ficado um pouco desapontados com o redesenho do volante de direção e com a perda de três raios mais finos, substituídos por dois mais grossos e, aparentemente, mais práticos, poucos, ou ninguém, se preocuparam com a substituição das rodas de estilo comercial de 16 pol. equipadas com esquálidos pneus 5,50 x 16, por outras, mais leves, de 15 pol. e pneus 6,40 x 15, um pouco mais largos.

Abaixo: Em março de 1955, todos os modelos de Kombi passaram por uma grande renovação. Os problemas de circulação de ar foram resolvidos com a adoção de um painel de teto prolongado na dianteira, formando uma aba, que continha uma abertura em seu interior. Com isso, a máquina publicitária da Volkswagen se ocupou em produzir imagens de vários ângulos para ressaltar o redesenho.

KOMBI

Acima: Embora o Micro Bus De Luxe, lançado em abril de 1951, não fosse nem de longe um campeão de vendas da linha Kombi, ele sempre resumiu o grande desejo da Volkswagen e de Nordhoff de produzir veículos de qualidade adequados a todos os segmentos sociais. Comercializado no início como um veículo apropriado para o transporte de hóspedes de hotéis luxuosos para o embarque em aviões, a diferença de preço entre ele e os modelos inferiores de veículos de transporte de passageiros era substancial. Em 1954, a Kombi básica custava, na Alemanha, 6.275 marcos, o Micro Bus, 6.975 marcos, e o Micro Bus De Luxe, 8.475 marcos. Para uma melhor comparação, o modelo mais barato da linha, a picape, tinha um preço de 5.725 marcos.

Na extrema esquerda: As claraboias no teto, assim como o vidro curvo nos painéis laterais traseiros, eram feitos de acrílico, um material desenvolvido para a indústria aeronáutica, para a fabricação das janelas das cabines de comando. Na época, a fabricação de vidro curvo era muito cara.

À esquerda: O indicador de direção em formato de bala adotado nos modelos destinados aos EUA em abril de 1955, e ao mercado europeu em junho de 1960.

UM ÍCONE, ONTEM E HOJE

Acima: Enquanto outros modelos da linha podiam ser especificados com um teto solar retrátil de lona, feito para a Volkswagen pelo fabricante alemão Golde, somente o Micro Bus De Luxe vinha com esse acessório de série.

Acima, no centro: Diferente de outros modelos da série, o Micro Bus De Luxe tinha um emblema circular com as iniciais VW cromadas e uma grossa faixa de acabamento na lateral das linhas de estampagem, que davam a todas as Kombis sua aparência especial.

Acima, à direita: O Micro Bus De Luxe tinha faixas de acabamento realçadas nos para--choques dianteiro e traseiro. A lanterna traseira na foto incorporava as funções de luz de freio e de posição noturna, e fazia parte das especificações de todos os modelos entre 1958 e 1961.

À direita: Qualquer imagem da vista traseira do Micro Bus De Luxe permite notar sua natureza arejada pelas janelas do painel traseiro. As barras de proteção no compartimento de bagagem, outro item dito exclusivo, são bem visíveis.

73

KOMBI

À esquerda: Antes de março de 1955, o Micro Bus De Luxe era a única opção da linha a ter um painel de instrumentos de comprimento integral. Após essa data, os proprietários dos modelos mais sofisticados da série tinham de se contentar em saber que só eles tinham luxos, como um relógio!

Abaixo e à direita: Uma visão lateral do item máximo da linha, o Micro Bus De Luxe, é importante para ilustrar um de seus principais argumentos de vendas – um total de 23 janelas! Como se vê na foto de frente inteira, o para-brisa dividido conta com duas delas, enquanto a foto de traseira inteira, na página 73, mostra mais três. Incluindo a janela da cabine do motorista, há cinco janelas visíveis na lateral da carroceria, com mais quatro claraboias visíveis no teto. Dobrando esses números para incluir o outro lado do veículo, e acrescentando os totais da dianteira e da traseira, chega-se ao número mágico de 23 janelas.

À esquerda: O interior deste Micro Bus De Luxe foi adaptado para uso como Camper pela firma Devon, sediada em Sidmouth. A maioria dos Campers se baseava no Micro Bus ou na Kombi, mas a Devon oferecia uma conversão do modelo De Luxe já há algum tempo.

KOMBI

Na extrema direita: Nesta foto, a mudança do perfil do teto não é muito perceptível, exceto pelo fato de a característica prega no metal, na frente dos modelos "porta de celeiro", não estar mais em evidência.

À direita: De repente, o Micro Bus De Luxe e outros modelos passaram a ter um porta-malas bem acessível ou plataforma traseira de carga. Embora bem menor, o compartimento do motor era ainda fácil de acessar, e a manutenção de todos os componentes podia ser feita sem dificuldade.

Os modelos renovados de março de 1955

Uma série de imagens utilizando o Micro Bus De Luxe para ilustrar as mudanças feitas em todos os modelos de Kombi que saíam de Wolfsburg após março de 1955.

Acima: Embora modelos mais antigos do Micro Bus De Luxe tivessem tido a vantagem de ter um painel de instrumentos de comprimento integral, todos os demais modelos tinham apenas um painel com um só instrumento. Agora, um painel de instrumentos integral com um novo desenho passou a ser item de série de todos os modelos. Os mais sagazes vão perceber a unidade de ventilação instalada no teto, que se conectava à grade externa de entrada de ar localizada na aba do painel de teto redesenhado.

À esquerda: A tampa bem menor do compartimento do motor e a tampa de abertura traseira são bem visíveis nesta fotografia de quina de traseira, de março de 1955 em diante, do Micro Bus De Luxe.

Evolução da Kombi da primeira geração

1950

Junho
- Adicionada uma divisória entre a cabine do motorista e as áreas de carga do furgão.

Outubro
- Compartimento do motor: estepe posicionado na horizontal acima do motor, em vez de no lado direito, como antes.

Novembro
- Eliminado o grande emblema circular com as iniciais VW da traseira de todos os modelos.

1951

Abril
- Pequena janela traseira de série em todos os modelos (antes não havia nenhuma).

Junho
- Furgão disponível com portas de carregamento em ambos os lados. Reforço sob o assoalho acrescentado à especificação deste modelo e de qualquer veículo com teto solar de lona retrátil.

1953

Janeiro
- Desenho do quebra-vento modificado, de abertura por dobradiça tipo piano para um sistema de movimento pivotante com pinos no alto e embaixo, para um fluxo de ar mais eficiente.

Março
- Câmbio sincronizado com segunda, terceira e quarta marchas passa a ser de série em todos os modelos. Para-choque traseiro passa a equipar o Micro Bus De Luxe.

Dezembro
- Para-choque traseiro passa a equipar o furgão, a Kombi e o Micro Bus.
- Motor redimensionado para 30 cv – antes tinha 25 cv. (Cilindrada 1.192 cm³, diâmetro 77 mm, curso 64 mm, potência máxima 30 cv a 3.400 rpm, torque máximo 7,7 kgfm a 2.000 rpm.) A revista *Road & Track* publicou números de desempenho, mas a Volkswagen preferiu não fazê-lo. Era possível agora ir de 0-80 km/h em 30,6 s, e de 0-96,5 km/h, 16 km/h acima da máxima recomendada, levava 75 s.

1954

Abril
- A ambulância recebe medidor de combustível, muitos anos antes de todos os outros modelos da série. A picape passa a ser equipada com para-choque traseiro.

1955

Março
- Grande modificação nas especificações da Kombi – *veja o texto*.

Abril
- Embora braços indicadores de direção semafóricos ("bananinha") integrassem o conjunto dos modelos destinados ao mercado europeu por ainda cinco anos ou mais, a especificação dos veículos exportados para os Estados Unidos incluía agora indicadores do tipo bala.

1956

Fevereiro
- Uma versão do Micro Bus para sete passageiros foi acrescentada à série.

1958

Maio
- Luz de freio central única substituída por novas grandes luzes traseiras que incorporavam a função de luz de freio. Tampa do motor modificada de acordo.

Agosto
- Para-choques mais fortes sem nervuras. Kombis destinadas ao mercado americano equipadas com para-choques de dois níveis ligados por garras. O propósito era alinhar os para-choques das Kombis com os da maioria dos carros americanos, a fim de evitar pequenos raspões e arranhões ao estacionar.

1959

Maio
- Motor 30 cv redesenhado – diâmetro e curso mantidos, taxa de compressão ligeiramente aumentada. Metade dos blocos mais fortes, virabrequim mais resistente. Cabeçote modificado com câmaras de combustão em formato de cunha e cilindros um pouco mais afastados, o que resultou em melhor refrigeração. Relação das polias da turbina de arrefecimento alterada de 1:2 para 1:1,75, a redução da velocidade dando uma impressão de motor com funcionamento mais silencioso.
- Câmbio passa a ser totalmente sincronizado.

1960

Junho
- Motor passa a ser mais potente, 34 cv. Essencialmente, o mesmo motor introduzido em maio de 1959. O aumento de potência se deu com o carburador Solex 28 PCI, com uma versão 28 PICT. O novo carburador tinha um afogador automático com controle termostático.
- A relação das engrenagens nos cubos dos eixos foi mudada para 1,39:1 – antes 1,4:1.
- O motor de partida foi equipado com uma trava contra repetição, e o velocímetro foi remarcado para 120 km/h, em comparação à marcação máxima anterior de 100 km/h.

Novembro
- O número de lâminas da turbina de arrefecimento foi aumentado de 16 para 28.

À esquerda: Uma pequena janela traseira passa a equipar todos os modelos a partir de abril de 1951.

KOMBI

1961

Julho

- Um botão de partida na coluna de direção se tornou de série em todos os modelos.
- Um medidor de combustível se tornou item de série de todos os modelos.
- Foram instalados conjuntos de lanternas traseiras maiores, divididos em partes. Lentes indicadoras de direção – laranja na Europa, vermelhas nos Estados Unidos.
- As Kombis destinadas ao mercado americano receberam encaixes e lentes de lanternas dianteiras maiores e mais encorpadas.

1962

Julho

- Espaço maior para o estepe.
- Arcos das rodas dianteiras e traseiras aumentados, e agora com uma borda projetada, para reforçar a parte metálica circundante.
- O banco da cabine do motorista, para três pessoas, foi substituído por um banco separado, mas contíguo, para o motorista, e outro para dois passageiros. O banco do motorista passou a ser regulável. (Nordhoff havia sugerido essa mudança antes mesmo do lançamento dos furgões na imprensa, em novembro de 1949.)

Outubro

- Um emblema da Volkswagen é inserido na traseira do veículo, acima da tampa do compartimento do motor.

1963

Janeiro

- Os compradores americanos podiam especificar a Kombi com um motor de 1.500 cm³. O mesmo do recentemente lançado VW 1500, ou Tipo 3, o motor 1500 se tornou uma opção para Kombis de transporte de passageiros em todos os mercados a partir de março de 1963, e para todos os demais modelos a partir de agosto, quando foi lançado o ano-modelo 1964. O motor de 34 cv permaneceu opcional, as vendas entraram em declínio e, em outubro de 1965, ele foi excluído da linha.
- O motor de 1.493 cm³ era uma versão de maior cilindrada do 1200. O diâmetro e

curso foram aumentados para 83 mm e 69 mm, nesta ordem, e a taxa de compressão subiu para 7,5:1. A potência máxima de 42 cv era alcançada a apenas 3.800 rpm. A Volkswagen anunciou uma velocidade máxima de 104 km/h com o motor 1500.
- O desempenho do motor maior era suficiente para garantir um aumento da carga paga da Kombi, dos tradicionais 750 kg para 1.000 kg.

Março

- As nove aberturas de entrada de ar voltadas para fora, posicionadas na traseira da Kombi, acima do compartimento do motor, foram substituídas por dez, voltadas para dentro.

Abril

- O vinil foi substituído pelo então tradicional revestimento de teto feito de lã, no Micro Bus e no Micro Bus De Luxe.

Agosto

- Uma janela traseira bem maior foi colocada numa porta traseira também maior, aumentando a visibilidade para o motorista. Em consequência, o Micro Bus De Luxe perdeu as duas janelas localizadas nos cantos da parte superior de seu painel traseiro. Os modelos desta época e os posteriores se tornaram conhecidos, por isso, como "ônibus 21 janelas".
- Uma trava de botão substituiu a maçaneta em formato de "T", e o emblema escrito Volkswagen foi transferido do centro da traseira do veículo para o lado esquerdo.
- Os modelos europeus adotaram os indicadores de direção, antes exclusivos dos modelos destinados ao mercado americano.

Dezembro

- As maçanetas da cabine do motorista foram substituídas pelas do tipo botão de pressionar, no lugar das anteriores, de alavanca de puxar.
- Rodas de 14 pol. com pneus 7.00 x 14 se tornaram universais, substituindo as rodas de 15 pol. lançadas em março de 1955.

1964

Abril

- Equipamentos de aquecimento da cabine aprimorados, com o tubo vertical substituído por duas aberturas com aletas.

Agosto

- Limpadores de para-brisa de parada automática, mais eficientes e com palhetas maiores.
- Controle de aceleração do carburador instalado no motor de 1.500 cm³ em consequência da preocupação de Nordhoff com a segurança do motorista e dos passageiros, ao descobrir que a recomendação de não exceder à velocidade máxima de 104 km/h estava sendo ignorada.

1965

Agosto

- Para melhorar a admissão de ar no motor 1500, foram instaladas válvulas de admissão e escapamento maiores, com o diâmetro aumentado, nesta ordem, de 31,5 mm para 35,5 mm e de 30 mm para 32 mm. Isso, associado à instalação de um carburador mais eficiente, o Solex 28 PICT 1, elevou a potência máxima em 2 cv, para 44 cv. A aspiração mais fácil em qualquer regime de rotação permitiu ao motor um desempenho muito melhor do que o anterior.
- Foram adotados limpadores de para-brisa de duas velocidades. O comutador de farol alto/baixo foi transferido do assoalho para a coluna de direção. Os controles de farol e limpador de para-brisa passaram a ter o formato de um botão de bordas giratórias.
- A picape passou a ter uma janela traseira maior, e suas oito aberturas de refrigeração voltadas para fora, localizadas no painel traseiro, foram aumentadas para nove e voltadas para dentro, posicionadas acima do arco da roda traseira.

1966

Agosto

- Todas as Kombis foram equipadas com sistema elétrico de 12 volts – configuração anteriormente disponível apenas como opcional "M" (equipamento extra). A porta traseira passou a ter um botão de apertar com apoio para as pontas dos dedos, no lugar de um botão simples. As chaves foram racionalizadas, com uma só chave para tudo.

A história inacabada da primeira geração

Embora se diga que a produção da primeira geração tenha terminado por completo quando um veículo com o chassi nº 217148459 saiu da linha de montagem de Hanover no final de julho de 1967, na verdade, sua vida durou mais alguns anos. A cada vez mais independente operação brasileira manteve a primeira geração até outubro de 1975. A operação de São Paulo não só preservou algumas de suas características indesejáveis durante aqueles anos finais – a manutenção das janelas da parte superior do painel traseiro, por exemplo –, como também exportou conjuntos para a fábrica Uitenhage, na África do Sul, para montagem simultânea a dos carros da segunda geração. Vendidas no mercado com o nome de marca Fleetline, esses veículos baratos podiam ser encomendados como furgões ou picapes, além de um veículo classificado como Kombi, mas com um acabamento interno melhor do que seria de esperar para esse modelo, e com a quantidade de janelas – à exceção das claraboias – de um Micro Bus De Luxe alemão. A produção da primeira geração foi cada vez mais impulsionada pela crescente popularidade do Camper, um modelo surgido de uma ideia nascida da flexibilidade de uso da Kombi.

Um membro não oficial da família – pelo menos no mercado interno e no restante da Europa, embora a Volkswagen da América tenha se esforçado para adotar o veículo através de sua propaganda –, uma aliança com a firma Westfalia criou muito mais que um tênue elo de aprovação através da designação de sucessivos números SO. O movimento Camper do final dos anos 1950 cresceu com certo descontrole nos anos 1960 e começo dos anos 1970, chegando ao ápice nos primeiros anos de produção da segunda geração e antes da crise do petróleo de meados da década de 1970.

À esquerda: Uma das inúmeras imagens "pacote de variedades" da Volkswagen proporciona um apropriado visual de despedida da primeira geração, em meados de 1967.

A SEGUNDA GERAÇÃO
1967–1979

Capacidade e durabilidade

Produzida na Alemanha a partir de meados de 1967, e por doze anos, a Kombi da segunda geração merece uma posição de destaque na história da Volkswagen por uma série de motivos. Em especial, ela mostra que estavam errados os que continuam a insinuar que Heinz Nordhoff era incapaz de lançar novos modelos, já que a segunda geração foi concebida, desenvolvida e lançada quando ele estava vivo. Com a morte de Nordhoff, em abril de 1968, o trabalho de sua vida foi interrompido pelas maquinações de seu sucessor imediato e pela construção de uma nova série de modelos Volkswagen por Rudolph Leiding, que o sucedeu, mas em todos os aspectos a Kombi da segunda geração não só resistiu como também contribuiu com um valioso faturamento para a Volkswagen, cujas receitas estavam diminuindo rapidamente. No início de janeiro de 1978, a fabricação do Fusca foi toda transferida para o México e Brasil, e a Kombi da segunda geração era a única remanescente da era Nordhoff. No ano de 1972, foram produzidos 259.101 desses veículos somente na Alemanha – uma quantidade nunca antes alcançada, e um recorde que permanece imbatível quatro décadas depois.

À direita: A forma inteligente de apresentação da segunda geração de Kombis pela Volkswagen da América, mostrando as características básicas da série por meio da sua maior característica – seu para-brisa panorâmico.

O caminho para a produção

Surpreendentemente, num momento em que os números da produção da primeira geração da Kombi aumentavam a cada ano de maneira substancial, os engenheiros da Volkswagen se ocupavam tentando desenvolver um sucessor. Nos círculos da área de desenvolvimento da empresa, pessoas de visão declararam em 1960 que a Kombi dava sinais de envelhecimento, ao menos no aspecto visual. Em consequência dessa movimentação, o projeto EA114 – o número de desenvolvimento atribuído ao proposto novo veículo comercial – foi iniciado, e chegou ao estágio de protótipo com considerável rapidez. No entanto, o diretor-geral interveio. Sempre prático e desconfiado dos estilistas que queriam manipular a aparência dos veículos, como era a norma na indústria automobilística, Nordhoff avaliou que restavam ainda vários anos de vida lucrativa ao modelo da primeira geração, e suspendeu os trabalhos no decorrer do ano.

No entanto, nos últimos meses de 1964, o projeto voltava à pauta. Nordhoff havia sido alertado de que, dentro de um curto espaço de tempo, sua postura habitual de manter o aprimoramento contínuo dos modelos existentes chegaria a um ponto em que isso não seria mais viável para a Kombi. Então, ordenou a Gustav Mayer, chefe do Departamento de

Desenvolvimento de Veículos Comerciais, que tomasse as providências necessárias ao desenvolvimento de um novo veículo a ser produzido e, à sua maneira característica, pediu que agissem rápido, embora com cuidado. Para Nordhoff, a nova Kombi teria de estar pronta em três anos, a partir de sua ordem oficial. A história mostrou que Nordhoff estava certo em sua percepção do momento adequado, como em tantas outras oportunidades: os números de produção da Kombi começaram a declinar aos poucos, a partir do momento em que ele havia decidido que haveria de ser encontrado um sucessor para sua adorada Kombi.

Mayer requisitou a ajuda dos engenheiros de projetos da Porsche, uma prática comum à época, e deu início à criação de um veículo novo, mas, sem dúvida, ele estava sendo pressionado a agir com rapidez. Como consequência, ex-empregados da fabricante de automóveis Borgward, que havia sido declarada insolvente em 1961, foram arregimentados para auxiliar nos exaustivos testes que o desenho da nova Kombi exigia. Depois, para compensar os inevitáveis atrasos verificados após a descoberta de erros na concepção do novo veículo, passou-se a dar atenção, já com a devida aprovação, ao chamado método de lapso temporal, no qual cada 1 km dirigido representava 5 km em circunstâncias normais.

A principal entre as várias dificuldades encontradas foi a revelação de que a carroceria desenvolvida para a nova Kombi não era forte o suficiente para chegar ao final de todos os testes programados para ela. A solução, discutida com agitação a portas fechadas, foi uma carroceria autossustentável, criada com o acréscimo de uma camada extra de chapa metálica ao desenho. Curiosamente, o que havia começado como um defeito retardador acabou favorecendo a Volkswagen, uma vez que a inventiva revisão eliminou a necessidade de barras de suporte nos dois lados do veículo – um elemento herdado da primeira geração da Kombi, que se acreditava ser essencial –, com o resultado final de que era agora possível modernizar a aparência lateral do veículo, aumentando o tamanho das suas janelas.

No decorrer de 1966, vários protótipos foram enviados para o extremo norte da Suécia, onde a nova Kombi pôde ser bem avaliada em sua capacidade de enfrentar neve e gelo. No outro extremo, providenciou-se uma viagem à África do Sul para aferir a durabilidade do modelo em condições de calor e poeira.

A preocupação final de Mayer era a percepção de que Nordhoff não aceitaria um lançamento parcial do modelo, como havia ocorrido em 1949-50. A exigência era que todos os integrantes da série Kombi estivessem prontos no lançamento, marcado para os primeiros dias de agosto de 1967. Somente um modelo violaria essa determinação.

Acima: Nordhoff determinou que todos os integrantes da família teriam de estar prontos no lançamento dos modelos da segunda geração, em agosto de 1967. Da esquerda para a direita, em cada fileira: em primeiro plano – picape cabine dupla e picape cabine simples; na fileira do meio – Clipper L e Clipper; no plano de fundo – furgão e Kombi; ausente nos primeiros meses, o furgão de teto alto.

Uma Kombi melhor – especificações de lançamento

Sem dúvida, a Kombi da segunda geração era um veículo melhor do que seu antecessor, tecnicamente atualizado, com maior potência e melhor estabilidade, com aparência atraente e personalidade afim, além de ainda proporcionar mais espaço interno e uma melhor posição para o motorista. Acima de tudo, tinha a aura de pertencer à família de Nordhoff, e era um Volkswagen. Com qualidade de manufatura, robustez dos equipamentos e uma simplicidade despretensiosa, incorporando ainda todos os princípios que haviam consagrado o gênero como pioneiro e líder de mercado, a Kombi da segunda geração era ainda uma caixa sobre rodas, despojada do glamour californiano e daquela obsolescência incorporada, muito apreciada por outros fabricantes.

Embora menos importante do que a maior parte dos aprimoramentos em termos tanto das capacidades quanto das vantagens para os compradores, essa Kombi se destacava por uma característica, mais que qualquer outra: a substituição dos dois painéis que compunham o para-brisa dos modelos da primeira geração por uma peça inteiriça de vidro, panorâmica e arqueada, em vez de plana e estreita. No total, o novo para-brisa ficou 27% maior do que o anterior. A mudança foi tão bem recebida que pouco depois os proprietários e admiradores se deliciavam apelidando a nova Kombi de "Janelão".

Embora as respectivas distâncias entre eixos das Kombis de ambas as gerações fossem idênticas, com 2.400 mm, as bitolas eram diferentes; a do novo modelo, com 1.384 mm na dianteira e 1.425 mm na traseira, e o modelo anterior com 1.375 mm na dianteira e 1.360 mm na traseira. Ainda mais significativa foi a percepção de

Duas imagens oficiais da imprensa, registradas no lançamento do furgão da segunda geração. O texto que acompanhava as fotos, escrito por jornalista muito especializado, dizia: "O furgão Volkswagen [...] pode carregar até 5 m³ de mercadorias. Uma porta corrediça única é equipamento de série do veículo comercial de novas formas. Portas corrediças em ambos os lados também podem ser fornecidas mediante pagamento adicional".

CAPACIDADE E DURABILIDADE

que a Kombi da segunda geração era mais comprida, com 4.420 mm, contra 4.280 mm do modelo da primeira, mais larga, com 1.765 mm contra os 1.750 mm do modelo mais antigo, e mais alta, medindo 1.956 mm em comparação aos 1.925 mm do modelo da primeira geração. O efeito combinado dos aumentos foi que o volume do compartimento de carga aumentou de 4,8 m³ para 5 m³. Embora houvesse o inconveniente de um peso maior devido à diferença de tamanho – de 1.070 kg para 1.175 kg em um furgão descarregado –, um novo motor, mais potente, foi adotado para compensar essa questão.

Entre as vantagens resultantes das novas dimensões, estavam as portas maiores da cabine do motorista, que ficaram 62,5 mm mais largas, beneficiando-se de janelas de abaixar, não disponíveis antes, e uma porta lateral corrediça (só disponível como opcional a custo extra no modelo antigo), de acesso mais fácil, aumentando o espaço disponível em 26 mm, de 1.170 mm para 1.196 mm.

Acabou a necessidade do complicado painel de teto com aba, que incorporava o

Acima: Ambas, picape e picape de cabine dupla, permaneceram como figuras centrais da série Kombi. Em 1968, esses dois modelos tiveram uma produção de mais de 43.000 unidades, dos 228.000 veículos fabricados no ano. O modelo cabine simples sempre superou o de cabine dupla.

À direita: Raras vezes, a Volkswagen divulga fotos de protótipos, mas esta imagem de uma picape de cabine dupla da segunda geração é exatamente isso, e está disponível para os jornalistas no arquivo do site da empresa.

85

KOMBI

À direita: Esta imagem é notável pela simplicidade da história que conta. O motorista e seu auxiliar são flagrados retirando uma fileira de bancos para, em seu lugar, colocar caixas. Os mais observadores notarão a natureza básica do interior da Kombi através da porta corrediça aberta.

Abaixo: Se um veículo da série da segunda geração da Kombi tivesse de ser apontado como o menos atraente que seu antecessor, do ponto de vista estético, seria o furgão de teto alto com seu teto de plástico reforçado com fibra de vidro, que lembra uma banheira virada para baixo. No entanto, a beleza numa fera dessas era menos importante que a redução de peso possibilitada por essa mudança.

sistema de ventilação da primeira geração, substituído por um painel de entrada de ar, que fazia parte do frontal e tornava seu desenho mais atraente, enquanto quatro aberturas de entrada de ar fresco – duas no painel do para-brisa e duas no painel de instrumentos – faziam circular mais ar do que antes.

No mesmo sentido, a mudança de todos os painéis resultou em grades de entrada de ar para o motor muito mais elegantes, agora com aberturas em forma de meia-lua posicionadas na parte superior traseira dos painéis laterais. (A picape não tinha essa inovação, claro!)

Especialmente digna de aprovação foi a adoção de um eixo traseiro de duas juntas no lugar do antiquado semieixo oscilante do modelo anterior. Isso permitiu uma dirigibilidade quase comparável a de um carro, auxiliada pelo já citado aumento das bitolas.

No interior, o novo painel de instrumentos – embora muito espartano para os padrões atuais –, pelo menos, passou a ter um acabamento parcial com plástico protetor antirreflexo acolchoado, e os seguros controles com extremidades de borracha adotados nos últimos anos da primeira geração foram mantidos no novo modelo.

Outra inovação, pelo menos para os modelos mais caros, foi uma série de tubos de formato quadrado que se conectavam a saídas de ar quente na cabine do motorista, se estendiam pelas portas (fazendo o papel de úteis descansa-braços) e levavam ar quente para os passageiros na parte de trás do veículo quando necessário.

Mas, ao mais puro estilo de Nordhoff, não se descartou simplesmente tudo o que havia de bom nos veículos da primeira geração. Assim, tanto o câmbio de ação muito suave como o famoso sistema de suspensão independente por barras de torção foram mantidos.

Os aprimoramentos feitos em um modelo específico merecem uma menção à parte. O furgão de teto alto, tão apreciado pela indústria de vestuário e outras que necessitavam de uma área de carga com boa altura, recebeu um novo teto. Saiu o painel todo metálico, relativamente elegante do modelo antigo, substituído por um teto de plástico reforçado com fibra de vidro. O peso total foi de cara reduzido e, por consequência, o consumo de combustível. Havia, entretanto, um aspecto negativo, embora não importante para um veículo destinado ao trabalho: o furgão de teto alto ficou parecido com um modelo coberto por uma enorme banheira virada de cabeça para baixo, e ainda com ondulações no material para manter sua rigidez.

Embora apenas as modificações mais importantes tenham sido descritas, a Volkswagen merece elogios por seus esforços em todos os aspectos (uma nota se segue a respeito de uma possível exceção). Sua recompensa foi o sucesso instantâneo de vendas e a percepção de que o novo modelo lhe serviria bem por vários anos.

Algumas palavras sobre o Micro Bus De Luxe

Antes de falar sobre o método de comercialização em geral da Kombi, é preciso dedicar alguns parágrafos ao Micro Bus De Luxe, o rei da linha da primeira geração da Kombi, mesmo as vendas mostrando que seu alto preço influenciava sua popularidade.

No lançamento da família de modelos da segunda geração, muitos devem ter-se surpreendido ao perceber a omissão aos nomes do Micro Bus e Micro Bus De Luxe. No lugar deles ficaram o Clipper e o Clipper L. Não se sabe o motivo dessa troca de nomes, e por um breve período houve preocupações a respeito da versão "L" dos novos produtos por todos os cantos, inclusive nos Estados Unidos, onde o nome De Luxe Station Wagon continuou a prevalecer. Isso até a companhia aérea Boac descobrir e lembrar à Volkswagen que ela havia adotado o nome Clipper em uma classe de voos que operara por vários anos. Houve ameaças de processos, com a Boac disposta a derrotar a gigante alemã. Fadada à derrota, a Volkswagen ergueu a bandeira branca após alguns embates iniciais, e a paz foi restaurada – assim como voltaram os nomes Micro Bus e Micro Bus De Luxe.

O farto acabamento que enfeita as linhas estampadas do Micro Bus De Luxe

À esquerda: Nesta foto de um Clipper L, o acabamento de borracha no para-choque é fácil de notar.

Na extrema esquerda: O Clipper Estate Car, informou o Departamento de Assessoria de Imprensa e Relações Públicas, "proporciona um arranjo muito versátil do interior, com estofamento de acordo com os padrões do veículo". No entanto, comparado aos padrões dos modelos de transporte de passageiros da atual quinta geração, ou, nesse particular, da quarta ou mesmo da terceira geração de Caravelles, o nível de acabamento dos Clippers era de fato espartano.

À esquerda: O sucessor do Micro Bus da segunda geração foi batizado de Clipper, como confirma o texto do Departamento de Imprensa da Volkswagen usado como legenda para esta imagem: "A 'perua Volkswagen Clipper' tem amplas janelas panorâmicas, o conforto de um carro para o motorista e sete passageiros [...]"

KOMBI

À direita: Modelo máximo da linha, o Clipper L tinha mais detalhes de acabamento brilhante visíveis nesta foto, como o emblema circular cromado com as iniciais VW na frente, um largo friso sob as janelas laterais, outro friso em volta da grade de entrada de ar fresco sob o para-brisa, e frisos embutidos nas molduras de borracha das janelas da lateral traseira.

Abaixo: Nem todos os modelos de Clipper L vinham com o conjunto completo de equipamentos. Esta foto de imprensa mostra um veículo sem o teto solar retrátil metálico e as barras cromadas nas janelas traseiras destinadas a proteger os vidros contra furto de bagagem.

da primeira geração, a notável distinção entre as cores da pintura do teto e da carroceria acima da linha intermediária, que se estendia até o painel dianteiro em formato de V coberto com um emblema circular cromado com as iniciais VW, o teto solar retrátil integral de lona da maioria dos exemplares, as claraboias associadas às janelas laterais adicionais em comparação a outras Kombis, e até os finos, mas notáveis, frisos de borracha presos aos para-choques dianteiro e traseiro faziam o Micro Bus De Luxe da primeira geração se sobressair na multidão.

Embora as especificações do Clipper L o pusessem acima do restante da linha como antes, em termos de aparência ele era, para nossa decepção, semelhante a seu congênere inferior. Sim, ainda havia os frisos no para-choque, e delicados frisos brilhantes ou cromados de verdade foram mantidos na moldura de cada janela, e até a grade de entrada de ar para a cabine do motorista, sob o para-brisa; e, da mesma

CAPACIDADE E DURABILIDADE

Acima: Os modelos de transporte de passageiros eram conhecidos no mercado americano como peruas e fornecidos com um nível de acabamento específico para os compradores nos Estados Unidos. O comentário de imprensa que acompanha esta imagem descreve o modelo como "definidor de tendência", mas "apenas 38 cm mais comprido que o popular sedã da Volkswagen com formato de besouro". "Tetos solares corrediços de aço podem ser fornecidos como opcionais", prosseguia o informe, sem fazer referência ao incomum acessório de uma bela jovem.

Abaixo: Com pintura branco-pastel até uma linha cerca de 10 cm abaixo das janelas, o Micro Bus De Luxe de agosto de 1970 em diante ficou mais atraente que os modelos anteriores. Infelizmente, várias empresas que montavam modelos Camper a partir de Kombis seguiram logo a moda, tornando o modelo máximo da linha mais difícil de distinguir, outra vez!

forma, o emblema circular com as iniciais VW brilhava na dianteira do veículo. Mas o modelo L, não obstante, tinha perdido seu ar de superioridade. Acabou a distinção da pintura em duas cores, com um segundo tom, onde aplicável, somente no painel do teto até as calhas, e mesmo isso estava restrito ao tom nevoento do branco-nuvem e mais nada. O Clipper L perdeu as janelas laterais extras e também as claraboias, e o efeito conversível foi eliminado pela inclusão – ao menos por um tempo – de um teto solar metálico retrátil de proporções um tanto modestas. Até o ainda espesso friso metálico abaixo da linha das janelas parecia de alguma forma ter uma aparência mais fraca.

Talvez a natureza do novo modelo topo de linha seja mais bem revelada pelo mercado atual de entusiastas. Todas as Kombis têm preços altos – elas suplantaram o Fusca há tempos –, mas a procura por um Micro Bus De Luxe da primeira geração é fenomenal, e seu valor atual permanece em cifras muitas, muitas vezes superiores às que teriam sido pagas por um comprador original. Embora o Clipper L não seja ignorado na comunidade Volkswagen, não há grandes indícios de que ele alcançaria preços maiores que os de um simples Micro Bus, ou mesmo da espartana Kombi. Em resumo, falta encanto a esses modelos.

Se uma modificação no ano-modelo 1971 foi levada a cabo em consequência de vendas fracas ou de críticas dos consumidores, não se sabe, mas, enquanto até então o veículo inteiro era pintado na cor da carroceria e o branco-nuvem era aplicado ao teto até as calhas somente, agora o Micro Bus L era todo pintado na cor branco-pastel da parte superior. A cor da carroceria era então acrescentada, mas a linha divisória ficou muito diferente do que havia sido antes, pois mal chegava à altura de 10 cm abaixo das janelas, naquilo que no passado se chamava linha da marca de estampagem. Embora se possa

dizer o Micro Bus De Luxe não tenha sido transformado no líder incontestável da série que fora anteriormente, a mudança trouxe grande aprimoramento, que inúmeras empresas de conversão de Camper logo levaram a todos os modelos. Para tristeza de qualquer estilista que se preze, da época ou de hoje, a Volkswagen aprovou o que se pode descrever como a mais tola atualização imaginável para o Micro Bus De Luxe no ano-modelo 1974. Alguns meses antes, a empresa havia passado a cobrar um extra dos futuros compradores do modelo máximo da linha que moravam em locais de clima ensolarado, tornando o teto solar opcional. Agora, como que num insulto, uma fina faixa metálica foi aplicada às laterais do veículo, alinhada às maçanetas da portas lateral corrediça e da cabine do motorista. Dispensáveis, baratos, desagradáveis e remanescentes do pior mau gosto presente em produtos japoneses enfeitados, esses frisos de acabamento foram mantidos até o final da produção da Kombi da segunda geração. No ano-modelo 1973, o friso metálico que enfeitava a grade de tomada de ar da cabine do motorista foi abolido, sem dúvida em reação à tendência geral entre os fabricantes de acabar com uma proliferação de peças brilhantes, substituído por pintura preta e plástico fosco preto/cinza. Então, dois anos mais tarde, um ridículo friso foi acrescentado sem motivo; a lógica dessa atualização é inexplicável.

À esquerda e na página ao lado: O desagrado pessoal com o que os estilistas da Volkswagen resolveram fazer com o Micro Bus De Luxe não impede a inclusão de três imagens com alguns enfeites. Veja como alguns modelos mais recentes de De Luxes tinham detalhes cromados nos para--choques e partes de borracha, bem no estilo dos Fuscas De Luxe de uma época semelhante.

Uma maneira incomum de comercializar um modelo

A política de comercialização da novíssima Kombi da segunda geração era de fato estranha. Lançada ao mesmo tempo em que a de uma renovação do venerado Fusca, muitos podem ter achado que o sedã era o novo modelo, e que a Kombi havia apenas passado por pouco mais que uma reforma.

O material europeu para promover as mudanças cosméticas na aparência do Fusca era composto mais de capas psicodélicas – malva, cor-de-rosa e verde--limão vêm à lembrança – que de três palavras em destaque: *Die neuen Käfer*, ou "Os novos Fuscas". Dois catálogos da Kombi da segunda geração produzidos para o mercado interno traziam títulos surpreendentes, como "Não é o que você pensa" e "Todas essas pessoas cabem em um Volkswagen. E confortavelmente sentadas". Os primeiros enfatizavam que os modelos, dos furgões às picapes e Kombis, eram veículos de trabalho, mas que todos "tinham o conforto de um sedã", enquanto os últimos se concentravam no conforto e espaço do Clipper e Clipper L.

Um folheto para o mercado britânico parecia um pouco mais promissor. Embora o catálogo intitulado "O novo Volkswagen comercial" possa ter-se restringido, na maior parte da capa, a uma imagem recortada da frente da Kombi da segunda geração, pelo menos a palavra "nova" foi utilizada. Dentro dele, embora a repetição da palavra "nova" deva ter irritado demais os leitores, o equilíbrio do texto era inusitadamente sério, numa época em que o estilo de anúncios dinâmicos da DDB havia se firmado. Um exemplo típico era o título na capa interior, que dizia: "O novo Volkswagen comercial passou por uma plástica. Sua aparência melhorou".

Talvez a mensagem a ser transmitida fosse de continuidade. Nordhoff, certamente, nunca foi adepto do estilismo, mas, no caso da Kombi da segunda geração, tanto a agência de propaganda como o Departamento de Relações Públicas sabiam muito bem que aqui não se tratava de uma simples reforma. Felizmente, nem todo o material promocional da Kombi era tão enfadonho. Nos Estados Unidos,

por exemplo, a imagem de um cavalheiro vestido de branco ao lado de um veículo com formato de caixa coberto com um lençol branco, um título dizia: "Este ano, como de costume, modificamos a perua Volkswagen". A engenhosidade dessa capa aparecia ao abrir-se o catálogo, quando surgia a mensagem: "A mudança mais notável é que você pode perceber a mudança".

E havia a chave de ouro da equipe de propaganda – letras em negrito proclamando "A novidade" contra um impressionante fundo verde-azulado no qual havia sido colocada uma minúscula, mas de imediato reconhecível, imagem frontal da nova Kombi. Dentro, embora houvesse a mensagem da "plástica", a história central era sobre inovação – "A nova cabine tem novas portas. Portas amplas. Para facilitar a entrada e a saída"; "A nova cabine tem um novo painel de instrumentos... a nova cabine tem novos bancos melhores... tem um novo e eficiente sistema de ventilação... [e] há ainda uma série inteira de outras agradáveis surpresas. Para tornar tudo o mais agradável possível – para você".

KOMBI

História de sucesso

Tendo supervisionado a introdução de uma novíssima marca de Kombi, é apropriado que, como epitáfio de vinte anos de serviços dedicados que, no final, consumiram sua vida, Heinz Nordhoff houvesse presidido a apresentação da Kombi nº 2.000.000, no início de fevereiro de 1968, apenas dois meses antes de sua morte, aos 69 anos.

Durante seus dois últimos anos, Nordhoff foi aborrecido por detratores que, com língua venenosa, se esforçaram para manchar sua reputação como fundador da Volkswagen moderna. Uma diatribe frequente para Nordhoff era ser incapaz de substituir um modelo em detrimento da empresa. Embora o longevo Fusca fosse o verdadeiro alvo de sua sede de vingança, uma abordagem mais ampla serviu para atiçar o fogo do argumento de que o diretor-geral estava velho e por fora. O crime de Nordhoff, se de fato existiu, teria sido criticar de forma aberta os políticos no governo que, confrontados pela primeira recessão grave vivida no pós-guerra da Alemanha, haviam incentivado uma série de políticas prejudiciais aos motoristas e, como consequência, à Volkswagen. A reação natural de Nordhoff foi salvaguardar o emprego dos funcionários da Volkswagen. Encurralados, os políticos – em destaque Franz Josef Strauss, o estridente, bombástico e autoritário ministro das Finanças da Grande Coalizão de 1966 – contra-atacaram com uma campanha de retaliação conduzida da maneira mais injusta possível.

Assim estava Nordhoff naquele desolador dia de fevereiro, em dificuldades e doente, com seu sucessor já escolhido sem sua concordância com a nomeação. A ironia da ocasião não fora, sem dúvida, percebida por muita gente. Nordhoff estava apresentando sua nova Kombi (um Micro Bus De Luxe na cor vermelho Titian com o teto branco-nuvem, doado à fundação beneficente Aktion Sorgenkind), o veículo que ele não havia sido capaz de aprovar, segundo seus inimigos – porque ele havia sido responsável pela produção de mais de 1,8 milhão de Kombis da primeira geração e havia reconhecido que, para se basear em tais números e prosseguir sem esforço, ele teria de mudar o modelo. A velocidade com que a nova Kombi foi aceita e a marca de 2 milhões de exemplares de modelos da primeira e segunda geração somados não podiam ser ignoradas.

Desconhecida dos que estavam reunidos na cerimônia, a história de sucesso por trás da nova Kombi viria a ser um potencial salva-vidas e fonte de renda para a Volkswagen durante os anos turbulentos ainda por vir. Quanto a Nordhoff, ele tinha certeza da continuidade de seu sucesso, como indicam dois excertos deste seu curto discurso:

"Em 1962, nossa conquista foi a milionésima, que alcançamos após quase treze anos, enquanto hoje temos a segunda milionésima Kombi, cinco anos e meio após a primeira milionésima. Agora que a produção diária aumentou para 900 Kombis, é possível calcular muito bem quando deverá ser produzida a terceira milionésima, especialmente somando-se a produção de nossas fábricas no exterior [...].

"Desde o lançamento da atual Kombi, só conseguimos atender à demanda com a criação de turnos adicionais de trabalho. Este veículo criou uma nova classe, que reúne cerca de dois terços de todos os veículos comerciais de carga paga até 1,35 tonelada da República Alemã, e não foi influenciado pelas flutuações da economia."

Como sugerido no capítulo anterior, a Kombi da segunda geração foi de fato um grande sucesso. Como Nordhoff previra, a terceira milionésima Kombi foi produzida apenas três anos e meio depois da segunda milionésima, em 3 de setembro de 1971, e nem mesmo a crise do petróleo ou a recessão mundial impediram a chegada do quarto milionésimo exemplar, em 9 de julho de 1975. Tal era a demanda desde o começo que a fábrica de Emden apoiou Hanover desde dezembro de 1967, e assim continuaria até abril de 1973. Durante seu primeiro ano inteiro de produção, que foi

Abaixo: Heinz Nordhoff fala a convidados e membros do corpo funcional na ocasião da chegada da Kombi nº 2.000.000, em fevereiro de 1968 – um triunfo final do que haviam sido vinte brilhantes anos para o primeiro diretor-geral da Volkswagen.

1968, 228.290 Kombis da segunda geração foram fabricadas na Alemanha, superando o melhor ano da Kombi da primeira geração por uma margem considerável.

Uma série de triunfos exemplifica os números de produção da Kombi da segunda geração, em especial nos anos anteriores à crise do petróleo de 1973 – números que talvez não sejam superados, apesar das conquistas de sucessivas gerações e da extrema popularidade da atual T5.

O primeiro recorde específico da Kombi da segunda geração ocorreu em 1970, quando a quantidade sem precedentes de 72.515 unidades foi exportada para os Estados Unidos. Compare isso aos 24.203 Vanagon despachados para os Estados Unidos em seu apogeu de refrigerados a ar, em 1982 (o recorde da primeira geração foi em 1964, quando 54.146 Kombis foram enviadas para os Estados Unidos), e ao desastroso escorregão que a Volkswagen americana testemunhou e pareceu incapaz de evitar, no começo dos anos 1990, quando as vendas totais de todos os modelos – carros e Eurovan – em 1993 somaram meros 49.533 veículos, e não será difícil entender por que o recorde deverá permanecer imbatível durante muitos anos.

O ano de 1972 marcou o pico da produção total de todos os modelos de Kombi e, é claro, situa-se na época do modelo da segunda geração, pelo menos na Alemanha. Nesse ano, foram produzidas 294.932 Kombis, um número que abrange modelos fabricados no Brasil e no México, e montados na África do Sul e Austrália e, portanto, inclui uma ínfima proporção de sobras sul-americanas da era da Kombi da primeira geração. Ainda assim, considerando que as fábricas de Hanover e Emden foram responsáveis por 259.101 unidades do total geral, a melhor cifra alemã de todos os tempos, a história de sucesso permanece intacta.

A fábrica de Hanover teve mais um triunfo a proclamar, já que no ano seguinte produziu um recorde só dela, quando, em 1973, seus funcionários fabricaram um magnífico total de 234.788 Kombis. Apesar de um decréscimo nas vendas durante a crise posterior à crise do petróleo e da relativa curta duração do volume de produção de Hanover/Emden comparados às Kombis da primeira e quarta gerações, 2.465.000 Kombis da segunda geração foram, não obstante, produzidas só na Alemanha.

Emden deve ter produzido sua última Kombi da segunda geração em abril de 1973, mas a história continuaria, não só até os restos de produção final que ainda saíam de Hanover até outubro de 1979, quase seis meses após a Volkswagen ter começado a preparar o início da produção para o lançamento da T3, em agosto do mesmo ano, mas no Brasil do século XXI e além da primeira década.

Acima: A Kombi nº 2.000.000, um Micro Bus De Luxe na cor vermelho Titian com um teto branco-nuvem, é mostrada em meio a uma fileira de modelos da segunda geração.

KOMBI

A continuação do processo de aprimoramento do produto

Na melhor tradição da Volkswagen de Nordhoff, ainda era considerado adequado dar ênfase à política de aprimoramento contínuo, pelo menos no caso da Kombi. Embora este livro não deva jamais ser considerado um manual de especificações autorizado, os detalhes sobre o desenvolvimento de dispositivos deixados de lado, pelo menos parte do sucesso da Kombi da segunda geração – em qualquer proporção nos cinco primeiros anos de sua produção –, devem ser atribuídos à preocupação com os aprimoramentos, assim como havia sido no caso dos modelos da primeira geração. Dois anos seguidos no tempo de vida da Kombi alemã da segunda geração merecem atenção especial, que recebem no espaço adequado. Da mesma forma, abordar os pontos principais sobre motores cada vez mais potentes e gastadores em um só parágrafo – em especial em períodos de produção mais recentes, quando a Volkswagen havia mais ou menos perdido o interesse em um dos últimos bastiões da refrigeração a ar – também não faria sentido, motivo pelo qual uma seção posterior será dedicada à potência como requisito essencial. Fora isso, o que é preciso aqui é um resumo dos principais insucessos, um processo que se inicia nos primeiros dias de produção.

Bem antes da onda geral de interesse pela preservação de carros e vans contra

CAPACIDADE E DURABILIDADE

os rigores da ferrugem, em 1969, o departamento de desenvolvimento produziu cinco Kombis da segunda geração totalmente galvanizadas. Mas o custo de produção em série foi considerado alto demais e, com relutância, a fabricação em série foi descartada antes mesmo de ter começado. Depois, a mesma equipe de desenvolvimento iria lidar com motores elétricos, híbridos e de turbina a gás, uma vez que os fabricantes em geral buscavam possíveis soluções para a crescente escassez de combustíveis fósseis decorrente do aumento dos seus preços. Da mesma forma, eles iriam testar, embora extraoficialmente, versões da Kombi da segunda geração com tração nas quatro rodas, vários anos antes da adoção dos modelos syncro baseados na T3.

Deixando a imaginação de lado, uma aparente trivialidade determinada para o ano-modelo 1970 trouxe, na verdade, muita praticidade. A prática volta ao básico, trazida da Kombi da primeira geração, de fazer o acabamento do painel de instrumentos com a pintura brilhante da cor da carroceria, foi abolida. De agora em diante, a cor era um preto fosco que, além de ser bem mais suave para os olhos e seguro nas ruas, combinava muito mais com as partes pretas acolchoadas do painel de instrumentos.

No início do ano-modelo 1971, em agosto de 1970, várias mudanças rápidas foram realizadas, cada uma delas relacionada, de um jeito ou de outro, à adoção de um motor 1600, mais potente. Na dianteira da Kombi, discos de freio substituíram tambores, e o desenho das rodas também foi melhorado. Saíram as antigas 5J x 14 com quatro estreitas fendas de ventilação entre o aro e o centro, sem falar das esteticamente atraentes calotas em formato de domo; no lugar delas foram adotadas rodas de tala mais larga 5½ J x 14 com uma série de furos redondos no exterior da seção central, cuja finalidade era melhorar a refrigeração. Calotas planas modernas do tipo das que prevaleceram no Fusca durante os anos recentes não eram apreciadas em todo o mundo, como até hoje não o são. A consequência das rodas de tala mais larga foi uma mudança nos arcos das rodas, cujo perfil passou a ser muito mais proeminente. Estranhamente, levou mais um ano para a Volkswagen perceber que rodas de tala mais larga jogavam lama e sujeira na frente do veículo, tanto quanto o faziam na traseira!

Tendo a intenção declarada de omitir os motores e dois modelos de seu sumário de alterações anuais, não sobra muito a dizer. Com o impacto da crise do petróleo, o processo de fazer modificações nas especificações praticamente acabou. Enquanto os lucros projetados, ou a

À esquerda e na página ao lado: Modelos especiais também eram importantes para o sucesso da Kombi da segunda geração. Aqui uma SO15 – picape com caçamba basculante, descrita como caminhão-pipa contra incêndio, que utilizava a picape, e uma ambulância de emergência com incubadora móvel para maternidades.

Abaixo: O processo de aprimoramento contínuo é mencionado em um comunicado escrito para acompanhar esta imagem: "Potência extra, melhor frenagem e dirigibilidade são as principais características do furgão Volkswagen 1971".

Acima: Este furgão alongado produzido pela empresa holandesa Kemperink foi distribuído pela rede Commercial Dealer em vários países. A conversão consistiu em cortar uma picape para inserir uma seção adicional. A Volkswagen da Grã-Bretanha informava que o veículo era "adequado, em especial, para uso como livraria móvel ou biblioteca". O grande espaço de armazenagem incentivava a sobrecarga, com os inevitáveis riscos de ceder que isso trazia.

Em 1976, a primeira página de texto do catálogo do mercado europeu recorria à sugestão de que a companhia jamais haveria de se tornar complacente, mesmo depois de 26 anos de produção. Após se referir à Kombi da segunda geração como o veículo mais vendido de sua classe, a história descambou para os velhos argumentos de tamanho compacto e carroceria unitária e a também antiga história de que o fato de o motor estar sobre as rodas motrizes resultava em "leveza e tração máxima". Nos Estados Unidos, a Volkswagen da América saiu-se um pouco melhor. Em 1974, os redatores relembraram as delícias adotadas no ano anterior antes de admitir a derrota e passarem a escrever sobre maçanetas de portas! "Nós simplificamos, modernizamos, aumentamos e melhoramos, em geral, coisas como interruptores de luzes, maçanetas de portas, fechaduras, tampas de tanque de combustível e símbolos dos instrumentos para sua conveniência. E passamos a proporcionar até um espaço maior na plataforma, com um novo banco traseiro dobrável opcional."

Em meados dos anos 1970, a sina dos redatores era difícil, pelo menos no tocante à Kombi, e assim permaneceria até a chegada do modelo da terceira geração, em 1979. Anunciar as dobradiças simplificadas da tampa do motor – um ponto alto das modificações do ano-modelo 1977 – era quase impossível!

sua falta, devem ter acendido várias luzes vermelhas, o diretor-geral Leiding também tinha planos para a Kombi, uma história que constitui um elemento-chave do próximo capítulo. Os catálogos de vendas para o mercado europeu repetiam como um mantra os pontos básicos da renovação de agosto de 1972, até o momento em que aquilo ficou tão batido que algo drástico tinha de ser feito.

A disputa pela potência

De importância indiscutível para a história da segunda geração são os vários motores diferentes com os quais ela foi equipada. Em 1967, quando a Kombi da primeira geração saiu de cena ao ser substituída, seu motor 1500 não era certamente o mais potente disponível no mercado, mas os adeptos da marca o tinham em alta conta, equipasse ele a Kombi, o Fusca, ou o chamado Volkswagen 1500.

O peso adicional da Kombi da segunda geração pedia de fato um motor maior para que ela permanecesse entre os veículos de bom desempenho. A resposta era um 1600, ou um motor com cilindrada de 1.584 cm³, em vez de 1.493 cm³ – nada que fizesse uma diferença tão grande, mas, ainda assim, proporcionando uma reserva de potência extra suficiente para calar eventuais críticos. Como se deve ter imaginado, o desenho era o mesmo de antes, mas o diâmetro foi aumentado de 83 mm para 85,5 mm. O curso permaneceu inalterado, mas, comparado aos motores 1500 mais recentes, que geravam 44 cv a 4.000 rpm, o 1600 proporcionava 47 cv a um idêntico número de rotações por minuto. A taxa de compressão havia sido elevada de 7,5:1 para 7,7:1. A Volkswagen declarou uma velocidade máxima de 104 km/h – a mesma do 1500 –, mas muitos consideraram esse número conservador, sendo que se podia alcançar facilmente os 112 km/h. O consumo de combustível não era tão ruim para um veículo do tamanho e peso da Kombi, com satisfatórios 8,1 a 8,8 km/l fáceis de obter.

O 1600 estava destinado a permanecer com a Kombi da segunda geração por todo o seu tempo de produção, embora, como se verá, por um período curto, ele tivesse de ficar em segundo plano quando a Volkswagen instalou motores ainda maiores na Kombi, em suas tentativas de acompanhar a concorrência. No entanto, pelo menos nos primeiros tempos, a especificação dos motores de 1.584 cm³ não ficou parada. No ano-modelo 1971, o 1600 foi melhorado, recebendo cabeçotes modificados com dutos de admissão duplos, em vez de únicos, e era reconhecido por um coletor de liga fundido. A aspiração se tornou mais fácil, e, em consequência, a potência passou de 47 cv para um máximo de 50 cv, sem alteração das há muito estabelecidas 4.000 rpm.

CAPACIDADE E DURABILIDADE

Apenas um ano mais tarde, a política de oferecer mais de uma opção de motor para a Kombi ficou estabelecida com a introdução de um 1700. Assim como o 1500 e o 1600, que haviam sido compartilhados com outros membros da família Volkswagen, também o foi o 1700, já que ele havia sido projetado originalmente para o VW 411, o maior carro de passageiros com motor refrigerado a ar da Volkswagen, lançado após a morte de Nordhoff, mas, não obstante, em grande parte devido a ele. Para dar aos proprietários de um carro tão grande (ao menos pelos padrões da Volkswagen) bastante espaço para bagagem, os engenheiros da companhia receberam a tarefa de compactar o 1700 de forma que ele coubesse sob uma área de armazenamento apropriada na traseira do sedã e sob o compartimento de carga da versão perua. O resultado foi o que logo se tornou conhecido, pelo menos entre os entusiastas, como o motor "mala" [motor deitado]. A turbina de arrefecimento foi mudada de sua posição tradicional na parte de cima da unidade para a ponta do virabrequim na traseira. A turbina foi acondicionada em um novo tipo de compartimento, que conduzia o fluxo de ar através de dutos canalizados, resultando num método de resfriamento mais eficiente. De repente, o mecanismo da Kombi parecia muito diferente e, sem dúvida, alguns ingênuos tiveram a impressão de que todas aquelas pessoas formidáveis da Volkswagen haviam feito o trabalho só para eles, o que não era o caso, e não seria com os sucessivos aprimoramentos destinados a dar aos jornalistas algo sobre o que escrever, com frequente monotonia, durante os anos seguintes. A realidade da vivência no dia a dia com o 1700 e seus sucessores foi que serviços rotineiros ficaram muito mais difíceis, algo que a Volkswagen demorou a perceber, e só mudou após ter sido ameaçada por corpulentos mecânicos com as mãos esfoladas.

O motor de 1.679 cm³ tinha um diâmetro e curso de 90 mm x 66 mm, nesta ordem, e desenvolvia uma potência máxima de 66 cv a 4.800 rpm, demonstrando um considerável aumento de potência em relação ao 1600, com seus máximos 50 cv. Um tabu absoluto em relação a veículos comerciais na era Nordhoff, o uso de carburadores duplos foi descartado sem cerimônia; e a inclusão dos dois lustrosos carburadores Solex 34 PDSIT não apenas foi importante para os objetivos da Volkswagen na disputa por potência nos anos 1970, mas também, de um só golpe, resolveu os problemas de formação de gelo em climas frios.

Apesar da realidade de uma velocidade máxima real de 122 km/h, uma redução de 8 s no tempo de aceleração de 0-402 m em comparação ao motor de 50 cv (trazendo o tempo para quase respeitáveis 21,4 s), e um não exatamente frugal, mas tampouco exagerado consumo de combustível de 8,1 km/l, a propaganda da Volkswagen para o novo motor foi moderada. O título chamativo, "Dirija o novo veículo comercial Volkswagen – agora ainda mais veloz", implicava mais do que o texto seguinte sugeria:

"Alguns veículos comerciais Volkswagen estão disponíveis com um motor 1700, 74 cv (SAE). [...] Ele consegue levar o utilitário de 0-96,5 km/h em apenas 18 s, aproximadamente. Não que nós quiséssemos transformá-lo em um carro esportivo. Mas apenas no mais confiável de todos. Um grande motor funciona com menos esforço que um menor. E dura mais, também [...]"

Se a intenção da Volkswagen era mesmo melhorar a confiabilidade – no que poucos acreditavam, já que a longevidade dos motores refrigerados a ar havia sido sempre um dos pontos fortes da companhia –, a imprensa automobilística ignorou a questão. A revista *Car* deu o tom quando, na edição de junho de 1972, proclamou que o 1700 "transforma o desempenho do veículo, dando-lhe potência, uma velocidade máxima bastante respeitável, e uma sólida capacidade de cruzeiro".

Tendo se enredado no jogo de velocidade, a Volkswagen optou por aumentar ainda mais a potência em agosto de 1973 para o ano-modelo 1974 ao escolher, mais uma vez, o sedã e a perua (os Estados Unidos e o Canadá tiveram de esperar até outubro). Surgiu o mais novo motor refrigerado a ar, o 1800, com paredes mais espessas para camisas de ferro fundido dos cilindros, pois apenas aumentar o diâmetro do 1700 o tornaria perigosamente fino. O diâmetro foi aumentado de 90 mm para 93 mm, o que elevou sua cilindrada para 1.796 cm³, mas com apenas 2 cv de aumento na potência, de 66 cv para 68 cv. Considerando esses números, à primeira vista parecia que o esforço mal tinha valido a pena, em especial quando a Volkswagen declarou que a velocidade máxima havia aumentado para apenas 132 km/h, lembrando que o motor foi tomado emprestado e considerando o grande aumento do torque dos 11,2 kgfm a 3.200 rpm para um máximo de 12,7 kgfm a 3.000 rpm – sempre algo valioso em veículo maior. Ainda assim, percebe-se que, no final das contas, o esforço fez bastante sentido.

Em agosto de 1975, houve o último aumento de cilindrada do motor. Entre a estreia do 1800 e o último aumento, tinha havido uma mudança no comando da Volkswagen. Rudolf Leiding havia sido substituído por Toni Schmücker, com a troca de comando tendo ocorrido em fevereiro de 1975. Sem querer tirar a graça do próximo capítulo, é possível que o "novo" motor 2.0 não tivesse sido adotado na Kombi se Leiding tivesse permanecido no comando. Seja como for, os engenheiros não tinham mais que lidar com o VW 411/412, então, nessa ocasião, eles se dedicaram ao projeto conjunto do carro esportivo de motor central Volkswagen Porsche 914. O motor de 1.970 cm³ dava aos proprietários da Kombi 70 cv a 4.200 rpm, com o diâmetro e curso aumentados para 84 mm e 71 mm nesta ordem. Apesar das velocidades máximas não oficiais de 144 km/h e mais, a reação da imprensa à oferta final foi um tanto lacônica. A visão geral era que, para seu tamanho, o motor não tinha a força necessária, enquanto sua eficiência em relação ao consumo de combustível deixava a desejar em comparação aos concorrentes. Houve muitos rumores sobre um motor especialmente desenvolvido, de 2,2 litros, mas a realidade era que, num mundo em mudança, algo verdadeiramente novo e muito diferente seria necessário se a Volkswagen quisesse manter sua posição máxima na produção de veículos comerciais leves.

Um modelo crossover

Em meio à agitação de colocar a Volkswagen nos trilhos, enfrentando o processo de consertar os danos causados durante quatro anos de desgoverno desde a morte de Nordhoff, pode-se supor que a última coisa em que o diretor-geral, Rudolf Leiding, que assumira o cargo em outubro de 1971, poderia pensar seria uma renovação para a Kombi. Não obstante, em meados de 1972, para o ano-modelo 1973, surgiu uma Kombi da segunda geração com nova aparência. Contudo, a realidade dessa novidade foi que ela já estava muito adiantada quando Leiding assumiu o comando, daí a sua realização na forma da Kombi crossover de meados de 1971 e do ano-modelo 1972.

Nos círculos de entusiastas da Volkswagen, fala-se com frequência no "zwitter". Isso é uma referência ao Fusca de outubro de 1952, uma fera diferente de seus antecessores, mas sem um ingrediente vital para torná-lo um modelo de janela oval, o carro que estreou em março de 1953. Esse veículo era mais ou menos idêntico ao seu antecessor imediato, exceto pelo fato de que o tamanho da sua janela traseira havia sido aumentado, e agora consistia em uma só lâmina de vidro cortada em formato oval. Para alguns, no entanto, e em especial para os adeptos do culto à Kombi na Alemanha, existe outro zwitter, que é a Kombi do ano-modelo 1972 em suas variantes Micro Bus, furgão, Kombi e outras.

Olhando para uma Kombi novinha em folha saindo direto de Hanover em agosto de 1971, e sem um modelo anterior para fazer comparações, poucos teriam identificado as mudanças nas especificações, mas quatro delas, pelo menos, merecem um comentário, cada qual importante à sua maneira. A primeira diz respeito à adoção do motor 1700 como opcional para os futuros compradores da Kombi. Embora as tradicionais fendas em formato de meia-lua atrás das janelas da lateral traseira tenham sido adequadas para atender às necessidades do motor 1600, tanto com dutos de admissão simples e duplos, este não era o caso do novo motor 1700. Como consequência, as entradas de ar foram bem aumentadas, não só se tornando mais longas ou largas, dependendo da perspectiva, mas também pronunciadas ou voltadas para fora da carroceria do veículo. O resultado foi que quantidades maiores de ar fresco podiam ser dirigidas à turbina de arrefecimento, um pré-requisito do motor 1700 e de seu irmão ainda mais potente que estava por vir.

Abaixo: Um trio de crossovers, mas nesta foto frontal somente os muito sagazes perceberiam. Na parte da frente da Kombi, não havia modificações visíveis; o veículo manteve sua clássica boa aparência. A pista está na proeminência das entradas de ar atrás da última janela lateral.

CAPACIDADE E DURABILIDADE

Embora muitos considerassem pneus sem câmara diagonais perfeitamente utilizáveis, uma mostra do que estava por vir foi a adoção de radiais no pacote do Micro Bus De Luxe desde o início da produção. Assim, em meados de 1971, todas as Kombis, à exceção da modesta picape, eram equipadas com radiais, que tinham uma seção mais larga. Muitos concordaram que a dirigibilidade tivesse melhorado no geral, a velocidade nas curvas pudesse ser maior e a frenagem estivesse mais eficaz, mas os céticos reclamaram do aumento de ruído ao trafegar, causado por essa mudança. O advento dos radiais e a percepção de que as rodas de tala mais larga de um ano antes geravam mais detritos para manchar a aparência da Kombi sugeriram uma pequena alteração na carroceria, e deste ano-modelo em diante, os arcos das rodas dianteiras se tornaram levemente abaulados e, no processo, acabaram mais ou menos combinando com os traseiros. O material promocional da Volkswagen acrescentou uma informação adequada em contraste direto ao que o pneu radial deveria fazer! "Nós mudamos o formato dos arcos das rodas dianteiras, para permitir um maior espaço às rodas dianteiras na lama e na neve, e a redução dos respingos pela porta. Agora, a dianteira e a traseira têm uma aparência mais equilibrada."

A chegada do motor "mala" 1700 exigiu uma alteração na configuração traseira da Kombi. A tampa do motor teve seu tamanho aumentado para melhorar o acesso ao novo motor, e, por motivos menos óbvios, o painel embaixo da tampa – que, como na Kombi da primeira geração, era removível – foi soldado no lugar.

A quarta mudança envolvia o desenho dos conjuntos de lanternas traseiras, do qual a Volkswagen com razão se orgulhava, como deixava claro o texto do catálogo: "As lanternas são agora muito maiores. Portanto, o motorista logo atrás de você pode vê-las com mais facilidade ainda, sem a menor chance de confundir a luz de freio com a de sinalização. Cada lente ficou com 37 cm de altura (isto é, 15 cm mais alta) e 17 cm de largura. Isso dá um total de 98,3 cm² de lanternas.

A especificação de lanternas maiores exigiu uma leve remodelagem dos painéis nos quais elas eram fixadas, para criar uma superfície plana numa base projetada. Os antigos conjuntos de lanternas traseiras haviam sido aproveitados da Kombi da primeira geração e, além de serem menores que os novos, faltava-lhes distinção entre as funções, e, devido ao seu tamanho, exigiam a colocação de um encaixe retangular separado acima deles se fossem instaladas luzes de ré. O novo encaixe, assim como os outros melhoramentos discutidos, estava destinado a permanecer na segunda geração até o final da produção alemã, e além, em muitos casos.

Acima: Características que identificam o crossover: formato modificado dos arcos das rodas dianteiras, conjuntos de lanternas traseiras muito maiores; aberturas de entrada de ar maiores e mais pronunciadas, tampa do motor maior e para--choque traseiro elevado.

KOMBI

À direita: Com referência aos novos para-choques em formato de viga do ano de 1972, os vendedores da Volkswagen receberam o seguinte conselho: "A segurança do motorista e dos passageiros aumentou devido à colocação de novos para-choques na dianteira e traseira, na altura internacionalmente recomendada".

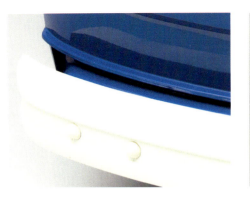

À esquerda: Parte das mudanças feitas na Kombi de agosto de 1972, os indicadores de direção foram mudados de sua posição próxima ao para-choque para uma localização supostamente mais visível em ambos os lados da grade de ventilação. Ao mesmo tempo, a Volkswagen resolveu diminuir o tamanho do emblema circular na frente do veículo. A intenção que levou a esta mudança é desconhecida, embora os debochados possam ter insinuado que a companhia, que estava tomando o rumo dos modelos refrigerados a água, não tinha mais um orgulho especial de sua Kombi refrigerada a ar.

À esquerda: A Kombi da segunda geração vista aqui na versão Westfalia Continental Camper – sofreu uma reforma em agosto de 1972 para o ano-modelo 1973. A aparência frontal mudou radicalmente com a adoção de novos para-choques e com a mudança de posição dos indicadores de direção. Ambas as alterações foram feitas, segundo justificativas, para aumentar a segurança dos ocupantes do veículo. Infelizmente, muitos acharam que a estética do veículo foi prejudicada pelas mudanças.

Abaixo: As aberturas de refrigeração do motor localizadas na parte superior lateral traseira foram aumentadas e projetadas para fora para acomodar as exigências adicionais de refrigeração do novo motor de 1.700 cm³, que equipou a Kombi pela primeira vez em meados de 1971 para o ano-modelo 1972.

CAPACIDADE E DURABILIDADE

Abaixo: A firma alemã Westfalia produziu uma versão com direção do lado direito de sua conversão Helsinki para ser comercializada na Grã-Bretanha com o nome de Continental. Os gabinetes receberam acabamento de teca de madeira folheada, e o tecido e a cor do estofamento ficaram conhecidos como ouro Outono. Nestas fotos, a unidade de caixa de gelo/pia é visível do lado da porta lateral de carga, enquanto a peça de mobília mais alta atrás do banco do motorista é um armário, embora o fogão esteja guardado atrás da porta de abertura, bem visível ao lado.

À esquerda: O novo conjunto de lanternas traseiras de agosto do ano de 1971 era muito mais substancioso que o anterior, exigindo uma modificação no formato do painel ao redor para que se destacasse bem. O conjunto de lâmpadas incluía uma lente para luzes de ré, se fossem instaladas.

101

KOMBI

À direita: Os primeiros modelos Continental tinham um teto levadiço articulado na frente que havia estreado em janeiro de 1968 e desenhado para permitir uma altura máxima entre o teto e o assoalho, onde ficava a área de estar do veículo. Parte do porta-bagagem metálico moldado do teto, que completava a cobertura desse modelo da Westfalia, é visível atrás da seção elevada.

À direita e na extrema direita: Enquanto antes elementos do painel de instrumentos eram pintados na cor da carroceria do veículo, em pouco tempo todas as peças passaram a ser acolchoadas ou receberam acabamento de pintura preto-fosco. O propósito desta mudança era reduzir a quantidade de reflexos para o motorista.

CAPACIDADE E DURABILIDADE

À esquerda: As modificações na parte traseira incluíam uma tampa de motor um pouco menos profunda e um redesenho do painel para acomodar a placa de licença e sua luz.

Acima: Embora este modelo mais recente de Kombi da segunda geração seja equipado com o tradicional motor 1600, a história da produção nos anos mais recentes revela um constante aumento de tamanho dos motores. Todos tinham uma coisa em comum: uma aparência muito mais baixa que o motor 1600.

À direita: A aparência da parte traseira da Kombi mudou radicalmente ao longo de dois anos. Além do uso de conjuntos de lanternas muito maiores, aberturas de entrada de ar mais proeminentes (agora visíveis como protrusões nos painéis superiores dos lados) e para-choques em formato de viga.

Uma renovação para 1973

A renovação de agosto de 1972 para o ano-modelo 1973 coincidiu com a segunda parte de uma campanha de saúde e segurança, que será abordada a seguir, mas não foi determinada por ela. Lendo as notas do respeitado escritor Laurence Meredith sobre o assunto, poucos deixariam de concordar que as alterações feitas "tiveram poucas consequências". Talvez a opinião dos dirigentes da Volkswagen fosse semelhante, embora isso remeta à pergunta sobre por que as mudanças foram feitas afinal. Qualquer que seja a verdade – talvez o capricho de uma equipe de estilistas para disfarçar perceptíveis modificações externas de mau gosto –, o texto entregue pelo comunicativo Departamento de Marketing e Propaganda era insípido.

Para o mercado interno e o britânico, o material promocional pouco variava em relação ao do ano anterior. O título de agosto de 1971 – "Veja-o, Dirija-o, Escolha-o, Possua-o, Ame-o" – ressurgiu como "Veja-o, Dirija-o, Escolha-o, Tenha-o, Venere-o, Compre-o!" Foi surpreendente, mas no ano

À direita: Frontal completo! Para-choques de seção quadrada, indicadores em ambas as extremidades da grade de entrada de ar fresco e um emblema circular reduzido são exemplos da aparência da Kombi reestilizada.

Abaixo: Um conjunto dos principais modelos da Kombi renovada da segunda geração, por volta de agosto de 1972.

CAPACIDADE E DURABILIDADE

À esquerda e abaixo: Havia uma fartura de imagens do furgão da segunda geração. A história que acompanha essas fotos deixou de contar todos os fatos em diversas ocasiões. O enfadonho texto a seguir acompanhava a imagem do furgão sem placa: "Vários novos itens de segurança estão incorporados aos veículos comerciais Volkswagen 1973, agora disponíveis em uma versão com motor de 1.700 cm³ com dois carburadores, câmbio automático ou manual, ou com um motor de 1.600 cm³ e câmbio manual".

seguinte (agosto de 1971), o texto fazia referências a mudanças: "Neste ano, você notará alguns aprimoramentos nos veículos comerciais. As mudanças foram feitas em seu benefício e chamarão a sua atenção".

Em 1972, esse texto, ou os sentimentos nele contidos, foi relegado a um parágrafo em uma página interna: "Fabricamos nossos veículos durante 21 anos. Mas nunca nos tornamos complacentes, buscando, todos os anos, aprimorá-los. Neste ano, reforçamos os para-choques. Elevamos a altura dos indicadores de direção para as pessoas saberem aonde você está indo. Colocamos os degraus da cabine para dentro das portas. O símbolo VW na frente não é só para ser visto. Ele tem um significado. Boa construção, confiabilidade, economia e qualidade".

As quatro modificações mencionadas no catálogo do ano-modelo 1973 exigem mais atenção. Os novos para-choques eram úteis do ponto de vista da segurança, pois davam maior proteção. No entanto, essa alteração já fazia parte do restante da linha Volkswagen. O Fusca foi o primeiro, em meados de 1967; sua renovação coincidiu com o lançamento da Kombi da segunda geração, que adotou os para-choques Europa tanto no 1500 como no 1300. O Volkswagen 1600 também os recebeu, assim como o Karmann-Ghia; o Volkswagen 411 já fora criado com esses para-choques. A crítica pode insinuar

que os modelos ficaram menos atraentes no que se refere à estética, mas nos anos 1970 poucos foram os comentários a esse respeito. As pessoas preocupadas com a desvalorização de seu Micro Bus De Luxe podiam relaxar com a certeza de que

105

KOMBI

Acima: Em uma versão revisada, a picape continuou contribuindo para a cifra de quatro milhões de vendas da Kombi que havia sido alcançada quando esta foto foi feita.

À direita: A picape cabine dupla fotografada aqui pertence à era dos modelos mais recentes. As enormes garras são, na verdade, lavadores de faróis (M288), um acessório raro.

a Kombi da primeira geração usava esses acessórios em formato de bala em posição alta na carroceria, e depois – quando se constatou que eles não causavam o impacto que tanto imaginavam – começou a usar indicadores bem maiores, "olho de peixe", que forçavam os outros motoristas a olhar para cima, em vez de para baixo, se quisessem saber para qual lado o motorista de uma Kombi pretendia virar. Com a nova Kombi da segunda geração, os indicadores estavam em conformidade com a norma observada pelos demais fabricantes, e também com o restante dos modelos da linha Volkswagen, à exceção do Fusca. Agora, os indicadores passaram de novo para cima, e apenas pouco tempo antes de o Fusca ter os indicadores instalados no para-choque. A história mostra que a mudança feita em agosto de 1972 foi a exceção, pois sucessivas gerações da Kombi, a começar pela T3, seguiram a norma de colocar os indicadores em posição mais baixa, em vez de mais alta na carroceria.

Tendo dito isso tudo, a forma como a Volkswagen colocou os novos indicadores dianteiros, quase retangulares, em cada lado da grade de entrada de ar da cabine, é digna de elogios. Se ao menos isso também

as grossas faixas de borracha podiam ser encontradas à venda, e, em alguns casos, de série, enquanto os realmente preocupados com detalhes tinham a opção de recorrer ao luxo das borrachas e cromados. A desvantagem dos novos para-choques, se é que havia alguma, seria, sem dúvida, sua aparência algo recortada.

O fato de todos os novos para-choques terminarem de forma abrupta em ambas as pontas foi uma consequência da decisão de reposicionar o degrau de cabine no interior do veículo, mais que um detalhe como nos para-choques à moda antiga; um acessório que incluía um acabamento de borracha estriada, bem ao estilo dos antiquados estribos do Fusca. Apesar de tudo, com a falta do componente de metal embaixo da porta da cabine, as Kombis mais recentes perderam um pouco em elegância.

Elevar a posição dos indicadores de direção foi a iniciativa mais inusitada na opinião de muitos. Desde o tempo em que os indicadores de direção eram a norma,

pudesse ser dito da remodelagem final que distinguiu a Kombi do ano-modelo 1973 de suas antecessoras... O que fez a Volkswagen reduzir, e muito, o tamanho do emblema circular com as iniciais VW na dianteira do veículo? Desde os primórdios, o proeminente "V" sobre o "W" havia sido um símbolo da supremacia da Kombi em sua área. Agora ele era pequeno, encarquilhado e impotente, em meio a uma vasta área de metal liso pintado; uma caricatura de seu antigo eu. Até mesmo o Micro Bus De Luxe foi submetido a essa humilhação, com os proprietários tendo de pagar um montante extra para ter uma versão aprimorada do emblema de plástico com uma camada cromada. Por trivial que possa parecer, a desconstituição de seu lendário emblema circular identificava mais a nova aparência da Kombi do que qualquer outra alteração.

Concluído o debate a respeito da Kombi antiga versus o novo modelo, é preciso acrescentar que dois aprimoramentos genuínos – pelo menos para os futuros compradores – foram também oferecidos. O primeiro era simples e auxiliou todos os que compraram modelos com o motor "mala", mais potente (porém também mais difícil de se realizar serviços nele). Foi aberta uma janela de inspeção no assoalho da parte de carga traseira. Apesar das aparências, esta não foi nenhuma solução simples ou apressada, pois demandou a atenção da equipe de desenvolvimento.

A outra modificação foi a adoção de um câmbio automático, a qual, já que se destinava ao mercado "pé esquerdo redundante" americano, estava disponível apenas com o motor maior, e o único disponível nos Estados Unidos (um futuro proprietário da picape, tanto modelo cabine simples quanto dupla, não poderia usufruir este prazer). Os proprietários do chamado Fusca automático, já velho de alguns anos em 1972, devem ter ficado horrorizados, porque aqueles carros – e, por acaso, o Porsche 911 – haviam sido equipados com um sistema inferior, semiautomático. Embora não houvesse mais pedal da embreagem, a alavanca de câmbio ainda tinha de ser usada, com a troca de marchas controlada de forma eletrônica. O sistema, no entanto, consumia mais combustível do que seria razoável do ponto de vista

À esquerda: Enquanto o Micro Bus e seu alter ego, o Micro Bus De Luxe, foram mostrados à exaustão, pouca ênfase foi dada ao seu equivalente no mercado dos Estados Unidos – a Station Wagon. Ei-la aqui, então, no ano-modelo 1973.

econômico, enquanto também retirava do motor boa parte da tão necessitada potência.

Felizmente, a caixa de câmbio semiautomática utilizada no Fusca não era a única incursão da Volkswagen nesse terreno, e tanto o Volkswagen 1600 como o Volkswagen 411 eram produzidos com câmbio automático. Bem suave se comparado ao de outros fabricantes, o câmbio automático da Volkswagen apresentava alguns ruídos de solavancos quando o comando determinava a necessidade de uma marcha diferente. A caixa de câmbio da Kombi tinha três marchas além das posições ré e neutro, ou de estacionamento. "D" ou "drive" era o modo normal de operação, sem esforço, enquanto "2" podia ser selecionado quando se desejasse impedir a seleção automática da terceira. A posição final, "1", raramente era usada, já que impedia o uso de todos os modos que não a marcha mais baixa, que devia ser usada apenas quando descidas íngremes exigissem todos os recursos possíveis para impedir a Kombi de ganhar velocidade em excesso.

Os números sumários de desempenho da Volkswagen, disfarçados na mesma página, que indicava que o câmbio automático só estava disponível no Reino Unido como item especial por um custo extra, sugeriam que ter uma Kombi sem embreagem não seria muito oneroso. Muita gente relutaria em acreditar que o consumo de combustível com metade da carga paga máxima, a uniformes três quartos da velocidade máxima no plano, mais 10%, não era muito diferente entre os modelos com câmbio manual e automático. De fato, a velocidade máxima do modelo com câmbio automático era considerada 5 km/h inferior à do modelo com câmbio manual, ao passo que não se fazia referência ao aumento no número de segundos que o automático levava para atingir 96,5 km/h, ou mesmo 80 km/h.

Felizmente, vários jornalistas estavam a postos nos Estados Unidos para aliviar os piores temores dos compradores. Um exemplo foi a reportagem da edição de dezembro de 1973 da revista *PV4*, que informou que "os números de desempenho da Kombi automática se comparam aos de um ônibus de câmbio manual". Embora ele não tivesse uma aceleração de fazer "grudar no banco", ele andava "rápido". "O tempo de 0-402 m foi de 23,6 s no automático, contra 23,1 s no manual 1972. A diferença é tão ínfima que nem seria notada na condução normal do veículo." O consumo de combustível, por outro lado, era outra questão, já que a *PV4* ficou desapontada ao descobrir que "o automático 1973 perde um pouco nesse quesito. Nosso veículo de testes teve uma média de apenas 5,7 km/l na condução normal. Isso representa 0,7 km/l a menos que o consumo do quatro-marchas [...]"

KOMBI

À direita: O catálogo enfatizava as questões de saúde e segurança: "Um conceito de controle adiantado com futuro: motor [...] traseiro refrigerado a ar, suspensão independente em cada roda sobre braços diagonais (na traseira) e braços arrastados (na dianteira) com molas de torção tipo barra. Segurança passiva por elemento de deformação, combinado a um para-choque dianteiro apoiado por suportes com locais de dobra predeterminados".

Abaixo: O fim está próximo! Introduzido em junho de 1978 e retirado do mercado em novembro do mesmo ano, o Silberfisch (Peixe de Prata) foi o mais próximo que a Volkswagen chegou de produzir uma edição especial limitada para o mercado interno.

Saúde e segurança

Embora amenas pelos padrões dos anos recentes de superproteção estatal muito burocrática, no início dos anos 1970, os fabricantes estavam cada vez mais sujeitos à legislação – mais notadamente nos EUA –, que deles exigia que avaliassem e assumissem a responsabilidade pela segurança de seus veículos e, em especial, de seus ocupantes. A Volkswagen, por conseguinte, fez a coisa certa, e no caso da Kombi, determinou que as portas do ano-modelo 1970 deveriam ser mais robustas. Em consequência, foram adotadas estruturas internas mais fortes, reduzindo a probabilidade de ferimentos nos ocupantes em caso de impacto lateral. Além dessa alteração, a rigidez da carroceria foi aumentada com o enrijecimento dos quatro principais reforços que se erguiam do assoalho do veículo até o teto, fortalecendo esse painel no processo. No mesmo sentido, outras ações foram realizadas para coincidir com o lançamento da Kombi, que sofreu uma renovação geral em agosto de 1972. A criação de uma zona de absorção de impacto na frente, envolvendo um redesenho do assoalho da cabine, foi vista como um avanço importante, assegurando uma deformação progressiva em caso de acidente.

Considerando a atualidade emergente desses aprimoramentos, a Volkswagen estava adotando uma atitude discreta em sua promoção de saúde e segurança. Reconhecida por todos, a questão a respeito do ano-modelo 1973 era uma reestilização do seu exterior, como havia sido discutido, mas o objetivo de, pelo menos, parte daquela atuação era melhorar a segurança em caso de colisão. Oculta no texto do material promocional de vendas britânico, uma sentença abordava de modo superficial a questão, em vez de ressaltar aquele progresso: "Maior segurança graças aos nossos novos para-choques fortalecidos com seção deformável de absorção de impacto na frente". Um material sul-africano da mesma época era um pouco melhor, mas as letras eram muito pequenas: "O novo para-choque dianteiro (e traseiro) reforçado é projetado para absorver melhor os impactos. Além disso, a carroceria atrás do para-choque é desenhada para atuar como uma unidade de reforço. Na dianteira, isso significa proteção adicional contra o possível deslocamento da caixa de direção". Ainda mais surpreendente, os catálogos americanos ignoraram o assunto, concentrando-se, em vez disso, na carroceria soldada e unificada e, talvez um pouco mais relacionada à questão que importa, no "freio com duplo circuito hidráulico".

A vida após a aposentadoria

Admitindo uma afeição crescente pela Kombi da segunda geração, se não houvesse outra anterior, a conscientização de que a produção do modelo ia chegando ao fim em outubro de 1979 tem um gosto amargo. Os exemplares mais recentes da Kombi alemã da segunda geração merecidamente desfrutam da condição de veículos clássicos e estão sujeitos às questões de restauração relacionadas a qualquer furgão ou carro de sua época. No entanto, nem tudo está perdido, e hoje ainda existe a possibilidade de se comprar uma Kombi zero-quilômetro da segunda geração.

A fábrica mexicana e a brasileira haviam abandonado a Kombi da primeira geração logo depois de Hanover. No México, o dia fatídico foi 30 de setembro de 1971; no Brasil, foi em 1975. Enquanto o México iniciou a fabricação do modelo da segunda geração de um modo que refletia a aparência alemã, o Brasil resolveu fazer a coisa à sua maneira, produzindo um

CAPACIDADE E DURABILIDADE

veículo que pode ser mais bem descrito como uma mistura das duas gerações. A frente se parecia mais com um modelo recente da segunda geração, com indicadores de direção em ambos os lados da grade de entrada de ar, mas sem os para-choques mais robustos, e, sim, com outros arredondados, lembrando tempos mais remotos, e sem as extensões que compunham os estribos da cabine; as seções traseiras, por sua vez, eram quase parecidas com as da primeira geração. As portas se abriam para fora, em vez de serem corrediças, e a quantidade de janelas era uma reminiscência do Micro Bus De Luxe da primeira geração.

A produção mexicana, por fim, cessou em 1995, quando 253.926 desses veículos foram fabricados no total. A fábrica de Puebla não foi adiante com a então atual Kombi T4 porque já havia sido decidido que ela iria importar do Brasil a Kombi moderna da segunda geração. Embora, como era o hábito da fábrica de São Paulo, várias esquisitices houvessem permanecido por muitos anos – calotas domo ainda eram fornecidas nos anos 1980; a partir de 1981, o volante de direção da Kombi da terceira geração passou a ser utilizado, e uma Kombi a diesel foi desenvolvida com um radiador grudado no painel dianteiro –, em 1995, talvez a Kombi brasileira, mais que a mexicana, se parecesse mais com as velhas Kombis alemãs.

Nos últimos anos de produção, o México havia aprimorado sua Kombi, assim como fez durante sucessivos anos com o Fusca. Em 1987, um motor Golf de 75 cv havia substituído o confiável motor de 1.600 cm³ refrigerado a ar, o que exigiu a instalação de um radiador. Embora aparentando o apêndice que de fato era, ele parecia mais atraente que o radiador já mencionado que equipava a Kombi brasileira com motor diesel. Pelo menos, combinava com o estilo dos para-choques aprimorados. Com efeito, a partir de 1991, os modelos mexicanos adotaram um painel de teto elevado em comparação ao dos veículos alemães (esse desenho foi adotado na Kombi brasileira em 1997), enquanto em 1992 o motor foi aprimorado com injeção eletrônica e 1.800 cm³, que desenvolvia 85 cv a 5.400 rpm.

Como havia se tornado a única fabricante de Kombis baseada no desenho da segunda geração, a fábrica brasileira adotou aspectos das renovações mexicanas, à exceção, no início, de uma mudança para a refrigeração a água (o motor diesel brasileiro teve uma vida curta, tirado de produção devido à falta de procura, em 1985). Somente em 2006, o Brasil cedeu e acrescentou um radiador a água à frente do veículo e um motor 1,4-litro de 78 cv e injeção eletrônica – o mesmo que equipava alguns modelos de exportação do Fox e Polo – na traseira. O acesso era possível por meio da tradicional tampa ou de uma escotilha na área do compartimento de carga traseiro. Voltando ao ponto de partida, na verdade!

À esquerda: Esta imagem mostra uma das últimas Kombis da segunda geração fabricadas no México. A série era composta por Panel, Combi e Caravelle. Todas tinham motor de 1.781 cm³, projetado para o Golf e, por isso, havia um radiador na frente do veículo. Observe também o teto mais alto, os realmente modernos para-choques de plástico moldado e as calotas no estilo das de carros. O Caravelle, na foto, tinha o interior bastante luxuoso, enquanto até a Combi tinha um nível razoável de acabamento, que compreendia forro completo do teto, bancos forrados com tecido e apoio de cabeça para o motorista e passageiro do banco dianteiro.

À esquerda e acima: As Kombis fabricadas hoje no Brasil e vendidas tanto no próprio país como no México são equipadas com um motor 78 cv de 1,4 litro e injeção eletrônica, exclusivos de alguns modelos de Polo e Fox de exportação.

A TERCEIRA GERAÇÃO
1979–1992

KOMBI

Complexa demais para ser tão boa?

Quando a nova Kombi de 1979 estreou, ela parecia fora de compasso com o pensamento da Volkswagen na época; uma relíquia refrigerada a ar rodeada por bem--sucedidos carros refrigerados a água e até um veículo comercial maior e equipado de forma similar. Pesquisar suas origens faz o seu lançamento parecer ainda mais curioso, assim como a decisão de, alguns anos depois, oferecer um pacote de refrigeração a água. Em vez de adaptar a tecnologia desenvolvida para o Golf e seus irmãos, a produção de um motor boxer especial, custoso por definição, foi aprovada pela alta direção. Deixando de lado essas idiossincrasias, os exercícios de remodelação que assistiram ao nascimento das especificações luxuosas associadas ao nome Caravelle, a inventividade que levou as vendas da Kombi ao terreno dos fora de estrada e até à comercialização de um conceito crossover entre um Camper totalmente desenvolvido e um furgão de passageiros, revelaram atitudes corajosas para manter a posição da Volkswagen como líder do mercado que ela criou, pela primeira vez, no final de 1949.

Atrás das portas fechadas da Volkswagen de Leiding

Será uma surpresa para muita gente que, embora tenha sido Toni Schmücker, diretor-geral da Volkswagen de fevereiro de 1975 até o final de 1981, quem anunciou, em maio de 1975, que a próxima geração da Kombi manteria o motor traseiro, não foi ele quem deu início à campanha para o desenvolvimento de um substituto do modelo da segunda geração. Essa honra, duvidosa ou não, cabe ao seu antecessor, Rudolf Leiding.

Como já dissemos, Leiding assumiu a direção da Volkswagen após quatro anos desastrosos com Lotz, o sucessor de Nordhoff, no comando. Foi Leiding quem fez uma revolução na companhia para, com um tremendo esforço, lançar uma nova série de carros para substituir as lendas refrigeradas a ar de Nordhoff, que Lotz havia enfraquecido.

Embora nem todos hoje na Volkswagen reconheçam o papel central de Leiding em seu renascimento, foi ele quem substituiu o 1600/412 pelo Passat, produziu o Scirocco para suceder ao Karmann--Ghia, e, no maior desafio já imposto a qualquer dirigente de uma fabricante de veículos automobilísticos, lançou o Golf como a figura central de uma série que não incluiria o Fusca. No entanto, confrontado com as crises de petróleo e as catástrofes relacionadas antes,

À direita: Os básicos da série da Kombi da terceira geração. Na primeira fileira, da esquerda para a direita: a picape e a picape cabine dupla. Na fileira de trás: o Bus L, o furgão e o Bus (ou será uma Kombi aprimorada?).

desconhecidas na Alemanha do pós-guerra, as vendas nas quais Leiding confiava para alimentar sua paixão por novos produtos haviam começado a escassear e, como consequência, ele entrou para a história da Volkswagen como o homem que presidiu a empresa com uma perda estarrecedora de 555 milhões de marcos. Embora possa ter tido a sagacidade de ver o novo pequeno Audi 50 como um Fusca substituto complementar para o Golf, dar continuidade ao último bastião da refrigeração a ar e da era Nordhoff, a lendária Kombi – uma fonte de lucros, e não um problema – era, por certo, a última de suas prioridades. Contudo, ele consideraria seu trabalho incompleto sem substituir também este modelo.

No entanto, o arquivo de Wolfsburg revela que Rudolph Leiding já havia decidido o formato da Kombi da terceira geração no final de 1973. Em uma reunião de diretoria realizada em 4 de dezembro daquele ano, Leiding anunciou que a próxima Kombi teria "tração dianteira com motor traseiro, caixa de câmbio traseira de quatro marchas e automática". Numa época em que todos os esforços se destinavam a colocar em produção os novos Volkswagen com tração dianteira, dotados de motores dianteiros refrigerados a água, a declaração do diretor-geral pareceu estranha. Levando em conta que o desenvolvimento de um veículo comercial maior, o LT, já havia sido iniciado nessa época, e que esse veículo também teria motor dianteiro, além de uma semelhança visual notável com a Kombi da terceira geração, a declaração de Leiding parecia absurda, mas, ainda assim, tinha uma base sólida.

Relatos quase contemporâneos mostram que o conceito por trás da Kombi da terceira geração – um veículo que seria conhecido como T3 na Europa, T25 na Grã-Bretanha e Vanagon (uma combinação de van com station wagon) nos EUA – não era um capricho da velha escola ansiosa por atrapalhar o caminho da Volkswagen de Nordhoff. Em vez disso, o que transparece é uma visão de estilistas e, em especial, de engenheiros, instruídos a avaliar um mínimo de doze conceitos básicos de veículos comerciais/de transporte de passageiros; modelos que incluíam opções de motor dianteiro/tração dianteira, motor dianteiro/tração traseira, e motor traseiro/tração traseira e um virtual espectro de traçados e disposições. Cada tipo de modelo era classificado de acordo com um catálogo de 52 critérios distintos, e entre os principais estavam o desempenho medido previsível, o espaço disponível para mercadorias ou passageiros e o esperado trio de conforto, economia e versatilidade.

O que deve ter preocupado Leiding foram as descobertas dessa avaliação, cuja conclusão era a projeção lógica que, com tração traseira/motor traseiro, 68% da superfície da rua ocupada pelo veículo se transferia em espaço interior visível, comparados a apenas 56% com uma disposição de capô curto e motor dianteiro/tração traseira. Dinheiro e tempo haviam sido gastos para confirmar o que a Volkswagen de Nordhoff já sabia há décadas. Talvez a decisão de produzir o comercial maior, o LT, com motor dianteiro devesse ser reavaliada.

Em pouco tempo, uma reunião do comitê de progresso do EA389 (a designação EA389 sendo a ordem de desenvolvimento alocada à Kombi da terceira geração), realizada em novembro de 1974 e presidida por Leiding, mostrou que, embora o trabalho com o novo modelo estivesse bem avançado, o desenho dos engenheiros havia apresentado um problema grave:

"O espaço disponível para o motor e o aumento esperado dos custos descartam um novo motor diesel refrigerado a água para o EA389. Como prioridade, no entanto, vamos verificar se um motor diesel refrigerado a ar (baseado no motor do Tipo 4), ou um motor diesel refrigerado a água (baseado no motor do Passat) são, do ponto de vista técnico, possíveis para atender à disputa".

Sem se mostrar perturbado, Leiding

Acima: Rudolf Leiding, diretor-geral da Volkswagen de outubro de 1971 a fevereiro de 1975, criador da Volkswagen moderna e arquiteto da Kombi da terceira geração.

Abaixo e na página ao lado: Com ou sem água? Como o texto se concentra na história por trás do surgimento da T3 na forma com a qual todos estão familiarizados, as opções para ilustrar as palavras com Kombis refrigeradas a água são muito limitadas. Em consequência, eis aqui o furgão nas versões refrigerada a ar (uma só grade) e à água.

não apenas confirmou o investimento planejado, de 305 milhões de marcos para transformar em realidade o projeto da nova Kombi, mas estava também seguro de que as pequenas dificuldades apresentadas não haveriam de impedir a versão do furgão de entrar em produção em agosto de 1977. O restante da série era esperado para setembro, à exceção da picape e dos veículos destinados aos Estados Unidos, ambos programados para serem lançados em outubro. As atas registram que Leiding se comprometeu com gastos adicionais, autorizando recursos extras que permitiriam ao Departamento de Pesquisas construir 29 protótipos com motores diesel.

Embora o problema do motor fosse, sem dúvida, ainda um motivo de atraso após a súbita partida de Leiding, nota-se uma falta de determinação em atas subsequentes sob a presidência de Schmücker. Em agosto de 1976, ainda estava em andamento a discussão a respeito de qual tipo de motor que servisse ao desenho a Volkswagen teria capacidade de produzir e dos custos disso, sem que houvesse um sinal definitivo de se ter chegado a uma conclusão concreta. Um resumo (em uma tradução menos literal) seria:

"Herr Piëch repete suas ideias mencionadas em reuniões anteriores. Portanto, a instalação de motores refrigerados a água inclinados, devido à natureza mais baixa do assoalho de carga sobre o motor, não era um problema técnico insolúvel, mas, no primeiro caso, envolveria um aumento dos custos de desenvolvimento, já que quase todos os motores refrigerados a água da companhia teriam de ser planejados tendo a Kombi em mente. Isso também complicaria mais o cronograma de entrega."

O resultado final dessa indecisão foi que um furgão da terceira geração entraria em produção em janeiro de 1979, seguindo-se o restante da série dois meses depois. Uma alarmante nota de rodapé revela que os antigos motores refrigerados a ar teriam de ser utilizados por falta de alternativa, pelo menos para começar, com uma data para alguma mudança acontecer na alteração do ano-modelo em 1981. Outra ata parece sugerir que um "quatro-cilindros refrigerado a água" seria preferível, mas, "se necessário, um motor diesel de cinco cilindros refrigerado a água (inclinado a 50 graus) pode ser proposto".

A ameaça à Kombi da segunda geração desde o final de 1973 havia sido atenuada pela protelação de muita gente em Wolfsburg, mas, em particular, de Toni Schmücker. O desenvolvimento daquele modelo havia sido interrompido em antecipação ao lançamento do novo modelo. Para quem não sabia das intenções de Leiding e desconhecia os adiamentos aprovados por Schmücker, o aparente desinteresse pela Kombi da segunda geração parecia ser apenas consequência da mudança na direção da Volkswagen.

A ironia da especificação da T3 em seu lançamento no formato final é que ela trazia em si a real razão pela qual Leiding havia colocado a Kombi da segunda geração em sua lista de morte. Agora a refrigeração a ar estava fadada a ser excluída do conceito da nova Kombi, completando o ciclo de tecnologia inovadora, uma circunstância que poderia ser responsável pelo fato de a terceira geração nunca ter conquistado a popularidade de sua antecessora. Em comparação à sua crescente quantidade de concorrentes asiáticos, ela era cara e não tinha os acessórios característicos daquelas marcas, mas isso é algo que teria sido aceito por inúmeros compradores do modelo da segunda geração. Schmücker poderia ter agradado os fãs incondicionais da refrigeração a ar, mas, se fizesse isso, teria deixado de fora os milhares que estavam desapontados com o aparente apoio e confiança da Volkswagen na velha tecnologia. Para os livros de história, a decisão de lançar a T3 sem novos motores sem dúvida teria tirado desse modelo o direito legítimo de entrar para a sagrada galeria da fama.

Maior e melhor?

Embora a Kombi da segunda geração fosse um pouco mais alta que a sua sucessora – com 1.956 mm em comparação a 1.950 mm – em todos os outros aspectos, a T3 superava o modelo mais antigo. Em comprimento, ela havia crescido 60 mm, passando a medir 4.570 mm, embora talvez mais importante fosse o aumento de 60 mm de sua distância entre eixos, para 2.460 mm, uma mudança que manteve iguais os balanços dianteiro e traseiro. Uma bitola maior – 1.570 mm na frente e atrás, em comparação a 1.384 mm e 1.425 mm, nesta ordem, do modelo da segunda geração – ajudou a reduzir a rolagem da carroceria nas curvas e a aumentar a resistência a ventos laterais, enquanto os efeitos combinados da bitola e distância entre eixos "aumentados" resultaram em um pequeno diâmetro de giro de 10,7 m, em comparação ao relativamente grande de 12 m do modelo mais antigo. Um significativo aumento de 125 mm na largura da nova Kombi em relação à da antiga, satisfazendo às exigências dos revendedores da Escandinávia e dos países do Benelux, cujos clientes queriam poder acomodar três pessoas no banco da frente com conforto, deixou o modelo com 1.845 mm e proporcionou a oportunidade de espaço e luxo dos veículos de transporte de passageiros, uma questão que se tornaria cada vez mais relevante no decorrer da produção da T3.

Maior o tamanho, maior o peso, e a T3 não fugiu à regra. Em média, havia uma diferença de 50 kg entre modelos equivalentes das duas gerações. No entanto, contrariando várias expectativas, a maior parte do aumento podia ser atribuída aos novos desenhos das seções dianteira e traseira do chassi e portas mais robustas para reduzir o risco de ferimentos nos passageiros em caso de acidente.

Especificação visual

Muito semelhante aos veículos comerciais maiores conhecidos como LTs, que haviam sido lançados dois meses depois da saída de Leiding, a aparência da T3 se caracterizava por seu para-brisa. Não só o vidro invadia parte do teto, mas tinha um ângulo muito mais agudo. Assim, o para-brisa era 23% maior que o da Kombi da segunda geração, cujo apelido "Janelão" se devia ao aumento de 27% em seu tamanho, comparado ao do para-brisa dividido do modelo da primeira geração. As janelas laterais da cabine do motorista foram aumentadas em 24% e, um acréscimo mais modesto, de 10%, foi feito em todos os demais vidros, à exceção da tampa traseira, que, por motivos que se tornarão visíveis, vai ser discutida à parte.

No entanto, embora o aumento dos vidros e do tamanho total do veículo desse uma impressão de arejamento e claridade, a nova Kombi havia perdido o ar amigável, quase simplório, de suas antecessoras. Em vez disso, tinha uma aparência de modernidade fria, composta por linhas angulares, em vez de curvas, painéis grossos no lugar de confortáveis cantos e extremidades arredondadas, e para-choques de vigas retas com ponteiras de acabamento de plástico inferior, tão diferentes daqueles contornos moldados de alguns anos atrás. No lado positivo, a grade integral que disfarçava a entrada de ar da cabine e incorporava os faróis circulares dava certa proporção à aparência frontal da T3 e a identificava com o restante da família Volkswagen, embora, como de costume, evitando a questão das enormes áreas de metal pintado, sujeitas ao impacto de pedriscos e ao subsequente enferrujamento, característica das gerações anteriores. Outra redução do emblema circular VW, agora perdido no meio da grade frontal, pode combinar com a aparência atual, mas sugere que o conceito de individualismo da Volkswagen teria sido amainado a fim de combater os ataques dos fabricantes asiáticos ao quintal de Hanover.

À direita: A nova picape T3 na cor laranja-brilhante, completa com cobertura de lona.

Abaixo: Estética! De alguma forma, as linhas mais angulares da terceira geração suscitaram as inevitáveis associações à aparência desajeitada do furgão de teto alto.

Um ferrão na cauda

Com 980 mm de altura por 1.540 mm em seu ponto mais largo, a porta traseira da T3 era enorme em comparação à de sua antecessora, representando um aumento de 92% somente na área envidraçada, e, para diversão de alguns debochados, apresentando uma imagem reminiscente dos modelos "porta de celeiro" anterior a 1955. (Para efeito de comparação, a porta traseira da Kombi da segunda geração tinha 730 mm de altura e 1.230 mm de largura.) Seu tamanho foi consequência do objetivo de melhorar o acesso para se fazer o carregamento pela traseira, nunca o ponto mais forte das antecessoras da T3, mas uma invejável vantagem dos modelos de motor dianteiro de vários outros fabricantes. No entanto, esse objetivo e a inevitável natureza compacta do compartimento do motor estavam na raiz dos males da Volkswagen quando se tratava de encontrar motores adequados para mover a fera.

Falando claro, esse aspecto das características da T3 sempre foi uma espécie de compromisso. Não havia espaço para uma tampa do compartimento do motor da Kombi tradicional, e a ideia de articular o suporte da placa para permitir o acesso a coisas essenciais como a vareta de medição do nível do óleo, embora engenhosa, parecia risível. O acesso ao motor pela escotilha sob o compartimento de bagagem traseiro era um convite à negligência com a manutenção (em especial, quando uma empresa de conversão de Campers colocava muitos produtos sobre esse local), já o argumento proposto pelo departamento de marketing da Volkswagen de que a grande porta traseira poderia ter duplo papel, como servir de abrigo em condições de tempo ruim, chegava a ser ridículo. Felizmente para a maioria, molas a gás ao menos a tornavam mais fácil de abrir e fechar.

Apesar das críticas à estratégia da Volkswagen, havia, não obstante, pontos positivos. Para as versões de transporte de passageiros, a única área de bagagem era maior – 40% mais espaço estava bom demais, em particular porque o esforço necessário para mover objetos pesados para dentro ou para fora foi aliviado por uma redução de 145 mm na altura do assoalho. Quanto aos motoristas do novo furgão, e nesse sentido para os proprietários de Kombis que desejassem utilizá-las como veículos de trabalho, a vantagem de a área principal de carga também ter sido rebaixada garantia que mais produtos pudessem ser transportados. (Isso também explica por que a capacidade aumentada da T3 não havia exigido uma elevação do teto.)

Questões técnicas

Até aqui, os problemas e esforços que envolveram a criação da Kombi da terceira geração podem ser interpretados, por descrentes que trabalham em outros segmentos da indústria automobilística, como pouco mais que uma manipulação de estilistas para colocar o modelo mais recente em linha com as tendências atuais da Volkswagen. Considerando a questão do motor, essa interpretação, tomada pelo valor de face, poderia parecer justa. No entanto, com as exceções de um motor traseiro combinado à tração traseira e da fórmula bem-sucedida de construção unitária, pela qual a carroceria era soldada ao quadro que formava a base do chassi, a continuidade acaba por aqui.

A disposição da suspensão da Kombi da terceira geração era diferente. Foram eliminadas as famosas barras de torção de Ferdinand Porsche, patenteadas em 1931; o novo veículo tinha a mesma tecnologia do Passat, Golf e Polo, com molas helicoidais progressivas independentes. Dois braços "A" de controle superior e inferior de comprimentos desiguais eram utilizados na frente, assim como amortecedores telescópicos e uma barra estabilizadora, e um eixo de juntas duplas permitia uma suspensão independente das rodas de tração na traseira.

A redução final se conectava por juntas homocinéticas a semiárvores. Os braços semiarrastados localizavam as rodas de tração em relação à carroceria da T3. A direção do tipo pinhão e cremalheira completavam o arranjo da nova suspensão, enquanto discos dianteiros maiores davam conta do aumento de peso e foram estendidos a todos os modelos.

As rodas 5½J x 14 permaneceram com cinco presilhas, enquanto, como castigo pela escolha de um motor 1600 em todos, exceto o Bus L, topo da linha, pneus diagonais eram de série. Radiais estavam relacionados ao motor de 2 litros, com uma diferença na largura distribuída entre os modelos, o Bus L ganhando de novo com o 185SR14s.

Os esforços da Volkswagen para fazer da Kombi da terceira geração um veículo seguro resultaram em um ambiente mais protegido para seus ocupantes do que seu antecessor, com a ênfase caindo em uma célula de segurança projetada para envolver os ocupantes da cabine do motorista e também da área de passageiros traseira. Rigorosos testes de colisão resultaram em para-choques projetados para absorver o impacto inicial, mas, numa batida mais forte, ele era transmitido para um elemento de deformação que compreendia toda a largura do veículo. Este, por sua vez, era montado sobre uma estrutura em forquilha que tinha pontos de deformação programados na montagem do assoalho resistente à torção.

É necessário mencionar a localização dos indicadores de direção da Kombi da terceira geração. Como foi discutido no capítulo anterior, "saúde e segurança", observou-se que a posição dos indicadores da Kombi da segunda geração, como foi lançada, era inadequada, apesar de outros fabricantes adotarem uma conduta semelhante. Com a renovação de 1972, os indicadores haviam sido movidos para cima. A ironia por trás da localização dos indicadores dianteiros da T3 é que eles foram posicionados logo acima do para-choque dianteiro do veículo, o que – numa evolução de retorno às origens – os levou de volta à posição lógica decidida no lançamento do modelo da segunda geração em meados de 1967!

A estética da T3

Como a aparência externa da T3 já foi discutida em outro contexto, a intenção aqui é olhar para o interior do veículo com a finalidade de avaliar a engenhosidade ou não da mudança do estepe de sua posição tradicional no interior do veículo e examinar o agora familiar tema do modelo topo de linha, que, por algum tempo, foi renomeado como Bus L. Contudo, há também duas áreas até aqui deixadas de lado, relacionadas ao exterior da T3, que merecem ser mencionadas.

Numa tentativa de tornar a T3 tão esteticamente suave quanto possível, a Volkswagen adotou a prática de preencher os vãos entre os painéis com uma substância espessa emborrachada. O acabamento resultante era, de fato, muito bom, mas com o tempo a substância se tornava quebradiça e tendia a cair em pedaços, possibilitando a entrada de água, o que resultava em juntas enferrujadas em pouco tempo. Os vãos ao redor da tampa do tanque de gasolina eram mais afetados, já que o combustível que escorria tinha a capacidade de amolecer a substância com incrível facilidade.

A referência à tampa do tanque de combustível traz à lembrança que ele estava localizado muito mais adiante na T3 em relação à posição em sua antecessora, agora posicionado atrás da linha do eixo dianteiro. Nos anos intermediários da produção da T3, quando a tração nas quatro rodas estava sendo planejada, isso causava um problema, o que fez com que o tanque fosse reposicionado somente para aqueles modelos. Um efeito secundário da localização do tanque de combustível da T3 era que a boca e sua tampa ficavam abaixo da porta direita da cabine do motorista e atrás do arco da roda dianteira.

Dentro, o antiquíssimo problema de o que fazer com o estepe havia sido resolvido jogando-o para fora literalmente! Intrusivo na área de bagagem dos modelos de transporte de passageiros da segunda geração e irritante para as opções de carga quando cada canto e fenda eram necessários para acomodar um carregamento, o banimento do estepe para um berço seguro sob o assoalho da cabine do motorista resolveu o problema num instante. No entanto, um aborrecimento contínuo para

COMPLEXA DEMAIS PARA SER TÃO BOA?

todos os proprietários de T3 que tivessem um pneu furado era a perspectiva de ter de manusear uma bandeja suja que ficava coberta de detritos oriundos da rua.

Por dentro, a T3 era – pelo menos para olhos de gente moderna –, sem dúvida, uma espécie de modelo crossover, exibindo características que seriam encontradas em uma T5 de hoje, embora ainda com a simplicidade antiga e acomodações rudimentares. Apesar de a história sobre o interior da T3 contada aos jornalistas no seu lançamento falar de espaço extra para os passageiros, mercadorias, e até para que as companhias especializadas em Campers pudessem fazer conversões mais espaçosas, a grande atração era o painel de instrumentos. Muito diferente do que havia antes (mesmo disfarçado com uma pintura preta e um acolchoamento plástico, o painel de instrumentos da Kombi da segunda geração era uma peça metálica que podia muito bem equipar um veículo dos anos 1930), o painel de instrumentos da terceira geração podia ser retirado inteiro de qualquer um dos carros da nova linha da Volkswagen. Feito basicamente de plástico, havia muito vinil não refletivo com riscas e acolchoamento. Todos os marcadores necessários e as luzes indicadoras foram envolvidos com cuidado em um quadro quase retangular, moldado para parecer angular, ao estilo atual, mas sem as bordas afiadas que se ligavam à seção metálica. O prazer de um ventilador de ar fresco era exclusivo dos proprietários do Micro Bus L, e isso em 1979, quando um rádio era opcional, cobrado à parte, mas já significava um importante passo à frente.

Quanto ao restante, no lançamento, os bancos forrados com vinil equipavam todos os modelos, exceto o Micro Bus L; o assoalho da cabine do motorista e da área de passageiros traseira tinha tapetes de borracha; e o único lugar que tinha carpete era a área de bagagem, do Bus e do Micro Bus. A forração de vinil branco lisa no teto vinha de série, mas, claro, restrita à cabine do motorista no caso do veículo de trabalho, enquanto os únicos que tinham painéis com acabamento em PVC acima da linha da cintura eram também o Bus e o Bus L. Os painéis de acabamento interno de portas eram muito simples.

O comentário sobre a estética da T3 nas especificações do lançamento não fica

completo sem uma referência ao Bus L. Enquanto o interior tinha certo grau de luxo contido, como foi mencionado, barras de proteção traseiras cromadas como as dos modelos antigos e acabamento dos painéis com frisos ornamentais brilhantes, o exterior parecia perpetuar a horrível tendência estabelecida em meados dos anos 1970 das vergonhosas faixas de acabamento no meio dos painéis. A época em que a abundância de detalhes metálicos brilhantes denotava uma especificação luxuosa já havia mais ou menos terminado, mas não quando se tratava do Bus L! Havia frisos metálicos fixados aos entornos de todas as janelas e nas bordas da grade dianteira do veículo; calotas cromadas seriam até aceitáveis, mas o para--choque em forma de viga, todo enfeitado, parecia espalhafatoso demais.

Uma enorme mistura de intragáveis combinações de pintura de duas cores, variando entre marfim, marrom Ágata, bege Samos até marrom Aswan, e cada uma com o recorte sob as janelas, não ajudava a tornar o Bus L popular, exceto entre pessoas com um senso estético mais curioso.

À esquerda, abaixo e na página ao lado: Uma variedade de modelos especiais permaneceu na ordem do dia durante toda a vida da Kombi da terceira geração. Em geral, a função para a qual cada modelo foi projetado para executar é bastante óbvia. Talvez a neve no chão no caso de uma das ambulâncias das fotos não seja um exemplo suficiente, mas tudo fica mais claro nas páginas 123 a 125.

Incluindo os motores – se for o caso

O Departamento de Marketing da Volkswagen enfrentou com valentia o inevitável e conseguiu dizer palavras amáveis sobre os motores refrigerados a ar da T3 – palavras que, tempos depois, teriam de engolir. A versão 2-litros foi descrita como "potente", e o tão subdimensionado 1600, com sua inadequação ainda mais aparente pelo aumento do peso da nova Kombi, conquistou o título de "nanico". No geral, eles podem ser resumidos como sendo reconhecidos por sua "confiabilidade e durabilidade".

Para o crédito de alguém, se não de Schmücker, nenhum dos motores havia sido copiado do modelo anterior, já que ambos eram equipados com tuchos hidráulicos, os primeiros motores em toda a linha Volkswagen a ter essa vantagem. Ignição eletrônica e estabilização digital de marcha lenta – esta sendo outra novidade, destinada a impedir o motor de morrer nas manhãs geladas ou de falhar ao ser reiniciado quando quente, além de reduzir a quantidade de CO nos gases de escapamento – eram ambos verdadeiros progressos.

Devido às restrições de espaço do compartimento do motor da T3, foi necessário realizar investimentos para transformar o 1600 em um motor "mala" e assim torná-lo semelhante ao 2-litros, que sempre teve essa conformação. Os que tinham uma noção mecânica mais realista logo reclamaram das consequências inevitáveis desse rearranjo – um complicado sistema de escapamento, com muitas peças.

A chegada do diesel

Com louvável prudência, investiu-se o mínimo possível na transformação da T3 em uma queimadora de óleo diesel, com a adaptação do motor de 4 cilindros produzido primeiro em 1976 para o Golf e o Passat. No final de 1980, esse motor de 1.588 cm³, com diâmetro e curso de 76,5 mm x 86,4 mm, nesta ordem, gerava 54 cv no Golf, mas quando transportado para a T3 não gerava mais que 50 cv, com uma redução de 600 rpm, em compensação. O torque máximo de 10,5 kgfm a 2.000 rpm era pouco maior que o do Golf, mas, levando-se em conta o peso comparativo dos dois veículos, a T3 fazia jus à maior flexibilidade que isso permitia. A tecnologia diesel da época era tal que ninguém esperava que a Volkswagen publicasse os tempos de 0-96,5 km/h, mas um vazamento oficial para a imprensa de que a velocidade de 80 km/h poderia ser atingida em 22 s foi recebida com agrado. Sendo ainda mais barulhento que o motor refrigerado a ar e tão lento quanto o indolente 1600 (que não havia sido exportado para os Estados Unidos), os revendedores americanos devem ter reagido com pesar à notícia de que ele seria integrado à linha!

Não havia muitas escolhas para encaixar o motor diesel no espremido compartimento do motor da T3 além de incliná-lo mais de 50° à esquerda, uma guinada que exigia um novo cárter de alumínio fundido, que foi parafusado ao bloco e à carcaça do transeixo para aumentar a rigidez. O risco de vibrações desagradáveis ficou reduzido com a fixação do sistema de escapamento no motor, enquanto o espaço exíguo exigiu ainda um filtro de ar especialmente desenhado.

No visual, era possível distinguir o diesel por sua grade extra, que ficava abaixo da falsa frente da T3. Por sorte, havia uma cavidade, feita quase com o propósito de abrigar o radiador, entre a cabine do motorista e o painel dianteiro. Um ventilador elétrico de duas velocidades com controle termostático soprava o ar para a refrigeração do radiador, com um emaranhado de mangueiras de refrigeração à prova de corrosão percorrendo seu traçado, protegidas pelo assoalho do veículo.

Havia duas consequências previsíveis do uso do diesel. A primeira era que a refrigeração a água permitia o uso de métodos mais convencionais para aquecer o interior do veículo – o acréscimo de um ventilador de três velocidades tornou a instalação idêntica à do Golf, Passat etc. A segunda, que deve ter sido vista com reservas pelos fãs remanescentes do motor a ar, foi a superação de todos os empecilhos associados ao equipamento necessário a um motor a gasolina projetado com esse sistema de arrefecimento.

Motores refrigerados a água

Não era surpresa que a Volkswagen havia decidido acabar com o uso de motores refrigerados a ar na Kombi quando veio a notícia, no segundo semestre de 1982, de sua eliminação gradual ao longo dos meses seguintes em troca de outros, refrigerados a água, de 1,9 litro. O que acabou chocando, quando foram apresentados no Salão de Paris, onde foram lançados, foi a sua natureza.

Tendo provado que podia inclinar na lateral o motor diesel do Golf, por que a Volkswagen não fez a mesma coisa com um motor a gasolina? Pois o que estava diante dos jornalistas em Paris era um inédito motor boxer refrigerado a água! Imagine os custos de desenvolvimento desse tipo de motor.

A inconvincente resposta da Volkswagen, para surpresa geral, foi que o boxer tinha nítidas vantagens em relação aos motores convencionais refrigerados a água. Primeiro, disseram que o quatro-cilindros era baixo e compacto, implicando ser ideal para o reduzido espaço que eles mesmos haviam determinado. Segundo, declararam que desejavam muito continuar fabricando motores de quatro cilindros opostos, uma vez que a companhia havia construído sua reputação com a confiabilidade de 30 milhões dessas unidades, mas não acrescentaram que foi por isso que descartaram sem cerimônia aquela tecnologia! Por fim, disseram, com mais convicção, que o equilíbrio era parte integrante do desenho do quatro-cilindros

À esquerda: Na parte externa, os novos modelos T3 refrigerados a água só se distinguiam dos antigos pela grade do radiador acima do para-choque. No entanto, como veículos com motor diesel, que também necessitavam de uma grade de radiador, haviam sido fabricados durante alguns anos, identificar um T3 com motores refrigerados a água de repente se tornou algo interessante! O comunicado de imprensa da Volkswagen que acompanhava esta foto mostra com que rapidez o pessoal da propaganda colocava seus holofotes sobre a outrora elogiada tecnologia: "Disponível com potências de 60 cv e 78 cv, ele é mais potente, mais econômico e mais silencioso que seu antecessor refrigerado a ar. Tem uma alta taxa de compressão, de 8,6:1 para maior eficiência".

opostos, permitindo um funcionamento macio e características bem mais suaves que a de muitos motores de seis cilindros.

No lançamento, dois motores boxer refrigerados a água com 1.915 cm³ de cilindrada podiam ser especificados, o de menos potência para substituir o 1600 refrigerado a ar, e o outro, mais potente, no lugar do de 2 litros. O diâmetro e curso de ambos eram idênticos, com 94 mm e 69 mm, assim como a taxa de compressão, de 8,6:1. Com um só carburador, o motor de menor potência desenvolvia 60 cv a 3.700 rpm, e o de dois carburadores, mais potente, chegava a 78 cv a 4.600 rpm. (Este último é o que seria aceito nos Estados Unidos, onde tinha de ser equipado com injeção eletrônica e produzia 82 cv – SAE líquida – a 4.800 rpm.) Segundo a Volkswagen, no Reino Unido, um furgão equipado com o motor de 60 cv tinha uma velocidade máxima de 117 km/h, levando 19,1 s para chegar a 80 km/h (câmbio de quatro marchas), ou 18,2 s com a recém-introduzida opção de cinco marchas. O motor mais potente tinha uma velocidade máxima de 128 km/h e levava 15,7 s (quatro marchas) ou 15,1 s (cinco marchas) para romper a barreira dos 80 km/h. O consumo de combustível era menor no motor menos potente, com 9,1 km/l (metade da carga paga, velocidade constante de três quartos da máxima, mais 10%) em comparação a 8,7 km/l, sob as mesmas condições, para o motor de 78 cv com câmbio de cinco marchas.

Ao contrário de algumas afirmações feitas na época e, portanto, preocupantes para as finanças da Volkswagen, o motor boxer refrigerado a água não era apenas o antigo a ar adaptado ao novo sistema de arrefecimento. O novo motor tinha dimensões menores que as do antigo, já que os cilindros ficavam mais próximos. O bloco era dividido, sem os agora desnecessários cabeçotes com aletas dos motores refrigerados a ar, e os blocos dos cilindros, com camisas úmidas e cabeçotes, eram feitos de liga leve. O virabrequim também novo produzia um curso dos pistões mais curto, de 69 mm, e varetas e tuchos hidráulicos operavam válvulas maiores de admissão e escapamento redesenhadas. As câmaras de combustão ficavam em parte no cabeçote e em parte nos pistões do tipo heron. A combinação de concavidade na câmara de combustão do pistão e a câmara de combustão nos cabeçotes, associadas a rígidas tolerâncias de produção, criaram uma folga de esmagamento muito apertada entre o pistão e o cabeçote no pistão quando no PMS, o que resultou em elevado esmagamento e numa igual e efetiva mistura ar – combustível. Obtinha-se o preaquecimento da mistura ar – combustível durante a fase de aquecimento pelo aquecimento elétrico "porco-espinho", além do aquecimento do coletor com o líquido refrigerante. Como resultado final, tinha-se a redução do consumo de combustível em condições de tráfego urbano.

Na evolução histórica da T3, motores refrigerados a água mais potentes do mesmo tipo melhoraram o desempenho com constância, o mais notável dos quais é o motor de 2,1 litros e injeção eletrônica (Digi-Jet) que, quando não restringido por um catalisador, desenvolvia 112 cv a 4.800 rpm e 17,7 kgfm de torque a 2.800 rpm; fazia 0-80 km/h em 10,3 s, mas, como seria de esperar, consumia um pouco mais de combustível.

Para terminar a história dos motores, embora um diesel preguiçoso (projetado para centros de cidades congestionados, já que os percursos eram feitos a baixas velocidades, com paradas constantes em semáforos) permanecesse como opção durante os anos restantes de produção, a tecnologia turbodiesel impulsionou a Volkswagen como o fez com os demais fabricantes em meados dos anos 1980. A turboalimentação aumentava a potência máxima de 50 cv a 4.200 rpm para 70 cv a 4.500 rpm, com uma importante melhora do torque, em especial a baixas rotações.

À direita: A Volkswagen publicou o seguinte texto para acompanhar a fotografia reproduzida aqui: "Caravelle é o nome do novo modelo especial de sete lugares da série de veículos comerciais da Volkswagen para transporte de pessoas. O Caravelle é um veículo de passageiros, equipado com luxo para uso comercial e privado".

Abaixo: O Caravelle Carat de setembro de 1985, novo modelo máximo da série, tinha um desenho luxuoso que se estenderia ao restante da série com o passar dos anos.

O jogo das marcas

Como um exemplo típico, a mudança do nome do Micro Bus De Luxe da segunda geração para Bus L, mais simples, que passou a designar o novo modelo topo de linha, prenunciou um período de mudança de marcas considerado necessário para pôr a Volkswagen mais em compasso com as estratégias de outros fabricantes.

Em suma, embora tenha demorado até que os responsáveis definissem suas intenções, o objetivo era evitar o emprego do termo Kombi ligado a veículos de transporte de pessoas e adotar um nome que sugerisse um maior grau de sofisticação que Micro Bus, com ou sem os acessórios De Luxe ou L.

O passo inicial nessa direção foi o lançamento, no Salão de Frankfurt de 1981, de um modelo de luxo de edição limitada, chamado Caravelle, um veículo cuja distribuição foi restrita a alguns países selecionados da Europa continental e que, além de ostentar alguns dos cromados do

Bus L, também tinha os confortos do carpete, estofamento dos bancos melhorado, com descansa-braços acolchoados dobráveis e apoio de cabeça para motorista e passageiros. Tal foi a reação a esse modelo que, após uma avaliação posterior, ele passou a estar disponível também em outros lugares do mundo, embora nos Estados Unidos, onde o conceito Vanagon já tinha conquistado a imaginação do público comprador, o Caravelle simplesmente passou a se chamar Vanagon GL.

Um ou dois anos depois, o nome Caravelle já havia sido associado ao da Kombi, e, embora os furgões e as picapes houvessem mantido o nome original, qualquer tipo de veículo de transporte de pessoas era agora chamado de Caravelle, com os níveis de acabamento indicados pelos reconhecidos suplementos L, CL e GL. A introdução simultânea de outro especial, o generoso e supremo Caravelle Carat (a mais luxuosa Kombi já produzida) e a posterior inclusão de outro especial – o transportador de pessoas/camper cross ou multivan – garantiram que, quando a produção da popular T3 chegasse ao fim, em 1990, qualquer sugestão de austeridade fosse logo descartada.

"syncro"

A decisão de acrescentar versões com tração nas quatro rodas à série Kombi/Caravelle foi tomada em maio de 1982, três anos antes de a firma especializada Steyr-Daimler-Puch, de Graz, na Áustria, começar a produção. Hanover e outras fábricas da Volkswagen tiveram um papel secundário, apenas fornecendo a carroceria e as peças, o que ajuda a explicar por que, após o fim da T3, na maioria dos casos, modelos com tração nas quatro rodas eram encontrados ainda durante mais dois anos.

Comercializado como "syncro", com a letra "s" minúscula, qualquer modelo da série T3 estava disponível com o que, em essência, era um sistema de tração em duas rodas que automaticamente passava a atuar nas quatro rodas quando as condições o exigissem. Desta forma, as possibilidades de uso como fora de estrada que isso permitia geraram um interesse considerável por modelos como a picape de cabine dupla, a combinação de transporte de passageiros e utilitário prático, e alguns dos Caravelles, embora a alegação de algumas pessoas, de que a T3 com syncro representava um sério desafio a tradicionais fora de estrada luxuosos como o Range Rover, possa ter soado um pouco exagerada.

A base da tecnologia syncro era um acoplamento viscoso, uma invenção britânica desenvolvida pela empresa Ferguson. Instalada no diferencial dianteiro, continha um óleo de silicone espesso selado em uma unidade com formato de tambor. Compreendendo dois conjuntos de séries de discos independentes, o papel do acoplamento era atuar como uma embreagem automática, acionando a tração dianteira quando necessário. Um conjunto de discos se conectava à árvore do pinhão da tração dianteira e outro se unia por meio de uma árvore estriada curta à traseira. Em condições normais de rua, quando os eixos dianteiro e traseiro giram a uma rotação nominal equivalente, a tração dianteira, raras vezes, é acionada. Contudo, em trajetos sobre superfície instável, em lama, neve ou gelo, quando as rodas traseiras tendiam a perder aderência, o acoplamento fluido era bloqueado e proporcionava a tração 50:50, característica dos veículos com tração nas quatro rodas. Em circunstâncias extremas, era possível transmitir toda a potência para as rodas dianteiras. Como o sistema era permanente, o motorista não precisava fazer nada, porque o acoplamento podia perceber as diferenças de rotação entre entrada e saída.

A configuração do eixo dianteiro exigia uma nova estrutura de subchassi para abrigar o acionamento dianteiro e o acoplamento viscoso. Por isso, o tanque de combustível voltou à posição anterior, acima do eixo traseiro. Todos os modelos syncro tinham altura 60 mm maior que a de seus congêneres de tração traseira, e a distância mínima do solo era 190 mm maior que a normal, aumentando tanto o ângulo de aproximação quanto de saída, enquanto o ângulo máximo de subida não era inferior a impressionantes 54°.

À esquerda: Nos anos finais de produção da Kombi da segunda geração, houve um avanço semioficial para a produção de um veículo com tração nas quatro rodas. Apesar de uma quantidade razoável de testes, que produziram resultados promissores, alguns acontecimentos surpreenderam os técnicos envolvidos, e por alguns anos os projetos para os fora de estrada ficaram parados.

Syncros em ação

À direita e abaixo: Condições de rua semelhantes às de desertos não são um problema para o Volkswagen Caravelle syncro com tração nas quatro rodas.

Como o syncro foi o grande tema da Volkswagen em meados dos anos 1980, uma grande quantidade de imagens de ação ficou à disposição dos jornalistas, e houve muito interesse. O que se nota na seleção aqui reproduzida é que quase todos os modelos da terceira geração eram equipados com o syncro.

À esquerda: "Em condições fora de estrada nada poderia detê-lo, e nas pistas ele tinha um comportamento soberbo. A tração nas quatro rodas syncro da Volkswagen tem grandes vantagens em relação a sistemas menos sofisticados, ao passo que a posição de dirigir alta o torna bastante manobrável".

Acima: Embora esta possa ser uma foto de ação um tanto sem graça, deixe bem evidente a maior distância do solo característica dos modelos syncro.

COMPLEXA DEMAIS PARA SER TÃO BOA?

À esquerda e abaixo: Quer fosse um veículo de apoio do corpo de bombeiros para o mercado interno ou uma ambulância para transportar pacientes britânicos ao hospital, o Departamento de Assessoria de Imprensa da Volkswagen estava apto a demonstrar a capacidade do modelo syncro de ir aonde outros receavam se arriscar. Os veículos Volkswagen syncro de serviços de emergência proporcionavam uma incomparável "tração sob qualquer condição climática e capacidade fora de estrada", que os concorrentes não tinham.

À esquerda: A picape cabine dupla com syncro e uma porção de dispositivos suficientes para justificar o nome da edição especial Tristar mostra que a Volkswagen desejava muito se voltar para o mercado de lazer com um versátil veículo de transporte de passageiros e carga, capaz de chegar a qualquer lugar, de acordo com a época.

A Kombi T3 é um grande carro?

A procura pelas Kombis mais antigas e, em especial, pelo modelo da primeira geração, tem sido muito grande até agora, garantindo retorno financeiro para exemplares originais, e até mesmo para os em estado lastimável. Esse movimento contínuo teve o condão de elevar o valor da outrora desprezada T3 nas versões refrigerada a água e a ar. Para quem deseja ter uma T3 mais de duas décadas após o término de sua produção, com certeza, ela merece a classificação de grande carro, mas talvez a questão do custo obscureça sua condição de estrela dourada.

Durante sua fase de produção, somente uma vez a T3 ultrapassou a marca de 200.000 unidades vendidas por ano – e isso foi em 1980, quando 217.876 veículos saíram da linha de montagem em seu primeiro ano integral de produção. A Kombi da segunda geração nunca ficou abaixo da marca dos 200.000, mas, por outro lado, o pior ano da T3, 1987, quando somente 145.380 veículos foram fabricados em um período de doze meses, compara-se de maneira mais favorável aos anos de escassa produção de toda a existência da T4.

Talvez a explicação para a história de grandeza esteja na quantidade de palavras e páginas que ela ocupa neste livro. A T3 é considerada um grande carro apenas por estar aqui. No entanto, em todos os aspectos da vida, há uma hierarquia da grandeza. Nela, a Kombi da primeira geração se insere em primeiro lugar, seguida do modelo da segunda geração e, depois, da T3.

Acima: Embora a produção da Kombi da terceira geração tenha sido encerrada em 1990, houve modelos syncro disponíveis por mais dois anos. O veículo da foto é um dos 2.500 modelos numerados da Última Edição Limitada. Como a maioria da série, ele tinha acabamento com pintura azul Orly metálico.

À direita: O diretor-geral Carl Hahn, protegido de Heinz Nordhoff e um inspirador dirigente da Volkswagen da América, fala a dignitários e trabalhadores na ocasião da saída da Kombi nº 6.000.000 da linha de montagem, em janeiro de 1986. A produção anual pode ter diminuído em relação à da década anterior, mas a T3 era ainda uma força a ser considerada e a inspiração de outros fabricantes.

COMPLEXA DEMAIS PARA SER TÃO BOA?

À esquerda: Embora este livro trate das gerações mais antigas da Kombi, não se pode esquecer que a vida continuou após o término da produção. A Kombi da quarta geração chegou ao mercado em meados de 1990 e, embora sua natureza fosse convencional, passou a ter seus próprios aficionados. Os críticos da época estavam ansiosos por provar que seu motor dianteiro teria reduzido sua capacidade de carga, mas ignoraram o fato de que agora era possível lançar cabines de chassis, que permitiam versões especiais.

À direita: Para coincidir com o início do ano-modelo 1997, a Volkswagen adotou um motor VR6 para alguns modelos T4 selecionados. Isso exigia um aumento do tamanho do compartimento do motor e, por isso, a extremidade dianteira do veículo e também o capô foram alongados, enquanto os para-choques foram remodelados para ficarem mais de acordo com as tendências contemporâneas. Da mesma forma, os faróis desses veículos são menos angulares e melhoram sua aparência geral. A T4 da foto é a luxuosa Caravelle Limousine.

127

Volkswagen Camper – Alta popularidade

Embora a afirmação superficial de que a Volkswagen não produziu um Camper antes do começo do século XXI seja uma grande generalização, ela, não obstante, traz à baila a percepção de que faltava um veículo dotado de equipamentos de campismo à linha principal de modelos desenvolvida nos anos 1950 pela equipe de Nordhoff. Mas é inegável que a maioria das Kombis de todas as décadas do século XX ainda existentes é composta por Campers.

Para o mercado interno, a resposta está na palavra Sonderausführungen e no santificado nome da Westfalia. Na Grã-Bretanha, a solução vem na forma de marcas como Devon, Danbury, Dormobile e uma miríade de outras empresas bem conhecidas, ou há muito esquecidas, algumas das quais eram associadas aos importadores oficiais de Kombis para este país.

No que diz respeito ao mercado americano, é nele que reside a maior ligação entre as vendas de Kombis e o Camper. Durante algum tempo, a Volkswagen da América até encomendava e vendia suas próprias cópias da série Westfalia, mas somente quando a procura pelo produto superava a oferta; já nos anos iniciais da Kombi da segunda geração, mais de 80% da produção diária da Westfalia se destinava aos Estados Unidos.

Da Kombi para o Camper

Uma rápida pesquisa em livros e artigos escritos ao longo de décadas revela que houve, durante muito tempo, uma suposição de que uma empresa fabricante de trailers em Rheda-Wiedenbrück foi a grande responsável pelo surgimento do Volkswagen Camper. Infelizmente, como tantas histórias ligadas a Wolfsburg, esta não é muito verdadeira; outras empresas tiveram ideias parecidas, e um Camper pré-histórico sobrevive até hoje para provar isso. Desenhado por uma fabricante de Dresden, com um projeto consistindo de três caixas de madeira para formar uma estrutura em formato de U, e requintes como um fogão de duas bocas, uma pia embutida e um aquecedor a gasolina sob o banco traseiro, esta sólida conversão de carvalho foi bem concebida. A Kombi que foi convertida havia sido entregue ao revendedor sem os bancos, em meados de 1951, indicando uma clara intenção de que algum tipo de trabalho sob encomenda já estava planejado, e, pelo menos, alguns meses antes do início das atividades da empresa North Rhine-Westfalia.

Fundada em 1844 pelo ferreiro Johann Bernhard Knöbel, essa firma, registrada em 1922 como Westfalia, começou suas atividades construindo carruagens. Em tempos de mudança, com uma patente de engate de bola de reboque registrada, a empresa lançou seu primeiro trailer de viagem em 1935. O Landstreicher acomodava quatro adultos, tinha uma capacidade de armazenamento mais que adequada e também uma área de cozinha. Tempos difíceis se sucederam para a Westfalia e muitas outras empresas quando a Segunda Guerra Mundial foi deflagrada, mas, depois da derrota alemã, a companhia lutou para retomar suas atividades fabricando trailers de chapa de aço – o primeiro deles foi exposto na Feira de Hanover de 1948 – e para empreender o desenho e a montagem de trailers para carros de passeio.

No decorrer de 1951, a Westfalia foi procurada por um oficial do exército americano para criar um interior para uma Kombi com base no conceito de trailers. Isso levou à produção de outras cinquenta unidades durante o restante daquele ano e de 1952. Um exemplar desses trailers, completo, feitos à mão foi mostrado no Salão de Frankfurt. Apesar de algumas variações nas especificações, em geral, eles consistiam em componentes fixos que incluíam um armário lateral alto próximo à porta de carga lateral traseira, um item que seria desenvolvido como um armário típico da Westfalia anos depois.

Embora a falta de acabamento interior da Kombi e a provisão de janelas houvessem se mostrado úteis para a Westfalia na criação de um Camper, o produto final era algo que só podia ser utilizado para atividades de lazer e, devido ao artesanato envolvido, tinha um preço um tanto alto. A flexibilidade do conceito Kombi havia se perdido. Em 1953, a Westfalia optou por resolver esse problema e sua solução surgiu como um Camping Box.

A simplicidade do Camping Box consistia em componentes autossustentáveis que podiam ser colocados no interior ou removidos de uma Kombi com a mesma facilidade dos bancos da área de carga. O conceito da Volkswagen de um veículo usado cinco dias por semana como utilitário e facilmente transformado para finalidades de lazer nos fins de semana se difundiu com rapidez. A inovação de 1953 da Westfalia compreendia três componentes. O mais compacto deles se prendia à porta de carga lateral traseira e servia para os usuários se barbearem e se lavarem. Vinha acompanhado de uma prateleira que se abria para baixo, feita para suportar uma bacia esmaltada e um espelho no alto, que se abria para cima. O segundo componente era um armário de tamanho razoável, com 1.250 mm x 540 mm x 510 mm, que deveria ficar na plataforma, bastante alta, sobre o compartimento do motor da "porta de celeiro". Com portas corrediças e uma prateleira central, destinava--se a guardar roupas e roupa de cama.

O terceiro componente, e sem sombra de dúvida o mais importante, foi desenhado para ficar junto à divisória dianteira, o painel que separa a cabine do motorista do restante do veículo. Sofisticação e engenhosidade foram dois ingredientes importantes aqui, já que esta unidade não apenas abrigava um fogão de duas bocas – guardado na parte central superior e surgindo quando uma tampa articulada (duplicando-se como proteção contra respingos) era aberta –, mas também formava a base para os ocupantes se sentarem e comerem. Com medidas totais de 1.460 mm x 530 mm x 820 mm, havia gavetas de ambos os lados do fogão, com um porta-toalhas fixado à porta de carga traseira do veículo. Quatro almofadas ocupavam os espaços vazios embaixo das gavetas, onde o que a Westfalia descreveu como três pranchas de "apoio" também foram instaladas. Na verdade, uma dessas pranchas se transformava em uma porta removível sob o fogão e servia como apoio de cama quando não era usada como mesa. O estofamento, de um xadrez escocês diferente, se tornaria uma marca das conversões Westfalia durante o período da primeira e segunda geração de Kombis. O fundo do gaveteiro formava três compartimentos de armazenagem articulados.

As páginas amareladas de antigos catálogos são as únicas provas positivas dos primeiros Camping Box, já que muito pouco sobrou deles. O que parece evidente é que era possível encomendar seus componentes em conjunto ou separados.

Embora tenha havido cuidado na descrição detalhada deste pioneiro entre os conjuntos removíveis de campismo, como este não é um livro sobre o Camper, mas, sim, uma obra que tenta explicar a relação entre Wolfsburg/Hanover e o impacto dos derivativos Camper nos números de produção, apenas mais um modelo Westfalia vai receber a mesma atenção.

Após uma reformulação do Camping Box original, em especial para a inclusão de uma versão para exportação, que, na verdade, era quase uma reforma total, a Westfalia lançou em 1956 sua primeira conversão campismo totalmente equipada. Estimulada a agir não só para satisfazer as necessidades do mercado interno, mas também pelas notícias do grande aumento de vendas da Volkswagen nos Estados Unidos, a Westfalia agora ofertava o que ela descrevia como uma completa "casa de férias sobre rodas". Para ajudar a desenvolver suas vendas, a fabricante também produziu um catálogo de vendas em inglês para seu modelo mais recente.

Na página ao lado: Mesmo alguns dos primeiros modelos Camper eram bem equipados, como mostra esta ilustração do início dos anos 1960. Observe a abertura do tipo alçapão no teto e a riqueza da mobília, que chegava a ocupar os painéis das portas.

A Kombi com equipamento de campismo Westfalia De Luxe

À direita: Embora este catálogo mostre mais uma cena de verão ao ar livre, o veículo é nada menos que a primeira conversão integral da Westfalia a receber um número especial. O SO23 foi produzido entre 1958 e 1961.

Abaixo: Descrita com certo exagero como "a Kombi com equipamento Westfalia De Luxe", o Camper da foto foi o primeiro do seu tipo – um modelo normal de produção totalmente equipado.

O texto, com uma série de imagens em preto e branco do material publicitário para este modelo, cobre todos os aspectos que definem o primeiro Camper de série da Westfalia. Observe como o interior da Kombi era revestido com painéis de madeira, feitos à mão por artesãos com acabamento de madeira de carvalho clara, e como a inovadora ideia de uma escotilha no teto integrava o conjunto, e, por fim, como a Westfalia propunha realçar a aparência externa da Kombi, aprimorando-a com um acabamento no estilo do Micro Bus. Todos os aspectos desta versão mais recente serviriam de base para outros modelarem suas próprias conversões no futuro:

"O estofamento e os encostos dos bancos podem ser fácil e rapidamente transformados em camas confortáveis, que proporcionam uma boa noite de sono para duas pessoas. Os bancos que o equipam podem ser abertos e usados para guardar a roupa de cama durante o dia.

A mobília inclui ainda um armário e um guarda-roupa com compartimentos para roupas, louça etc., instalados logo acima do refrigerador (de absorção, 40 litros. Funciona com eficiência mesmo sob forte calor).

"A sala-escritório tem espaço suficiente para quatro pessoas e uma mesa dobrável com amplos bancos acolchoados. Em movimento, uma mesa de jardim e cadeiras para a varanda podem ser acomodadas com firmeza entre os bancos.

"Os equipamentos Westfalia De Luxe Camping, firmemente instalados, proporcionam a você todo o conforto de casa. Você não precisa enfrentar nenhum improviso – todas as 'utilidades domésticas' estão à disposição. Esteja você numa viagem de negócios ou de férias, terá espaço suficiente para todas as suas necessidades diárias.

"O interior é isolado e decorado com compensado de madeira (Limba). O estofamento é de Maltopren, um material à prova de traças e cupins, que dura quase para sempre. Há cortinas em todas as janelas e também uma que separa a cabine do motorista do interior.

"Apresentamos um 'guarda-roupa' de verdade, alto e amplo o suficiente para pendurar casacos, ternos e vestidos sem dobrá-los.

"O cilindro de gás propano ou butano é montado em um pequeno armário destinado a panelas e frigideiras. Há um compartimento para o cilindro de gás (e, se solicitado, um tanque de água limpa) embutido na traseira.

"A sala pode ser transformada, em minutos, em um quarto para duas pessoas (comprimento de 1,86 m e largura de 1,20 m). Da mesma forma, o compartimento do motorista pode ser rapidamente transformado em uma cama de criança. A aba do teto pode ser aberta com o veículo em movimento, permitindo que fotógrafos sagazes ou caçadores de boas imagens tenham uma boa visão de todos os ângulos dos arredores e proporcionando uma excelente ventilação à noite, com todas as portas e janelas fechadas.

"[...] Estas são as vantagens da Volkswagen Kombi com o equipamento Westfalia De Luxe Camping, que pode ser

obtido por um pequeno custo adicional com o mesmo acabamento de pintura do atual Micro Bus [...]"

Sem dúvida, a cooperação entre Wolfsburg e Wiendenbrück aumentou a partir de meados dos anos 1950. No princípio, a Westfalia convertia furgões usados nos termos de um contrato vago com a divisão comercial, mas a partir de 1958 seu compromisso foi assegurado quando passou a investir em uma linha de montagem completamente desenvolvida para o Camper. De sua parte, a Volkswagen alocou números SO aos dois aprimoramentos seguintes, como vinha fazendo desde 1956 com qualquer produto oficialmente licenciado. Assim, o Camping Box remodelado do ano de 1958 se tornou o SO22, seguido, no final do ano, do SO23, a mais recente caminhonete Camping.

Para os futuros compradores americanos, deve ter parecido que a Westfalia havia sido absorvida pela Volkswagen, quando o Departamento de Marketing passou a editar catálogos promocionais específicos do Volkswagen Camper com equipamento Westfalia De Luxe, de maneira semelhante ao material produzido para outros integrantes da família Volkswagen, em especial o Fusca, a Kombi e o Karmann-Ghia. Reiteradas referências ao Camper no texto desses catálogos, o uso ostensivo do famoso logotipo do V sobre o W e, acima de tudo, a presença do veículo nos pátios dos revendedores pareciam atribuir ao automóvel a condição de pertencer ao fabricante.

No início de 1961, houve outra remodelagem ou aprimoramento, e embora o SO23, que saía de linha, permanecesse disponível até abril daquele ano, os catálogos promocionais dos novos modelos, o SO34 e o SO35 (nessa época, a diferença de dígitos se referia ao acabamento dos Campers – um laminado branco e cinza e um de madeira de pereira suíça escura), estavam disponíveis no final de 1960. Sem dúvida, os mais famosos de toda a miríade de catálogos de Camper da Volkswagen, e muito procurados por entusiastas, seu conteúdo revela que a tomada de controle na prática era total, sem referência ao nome de marca Westfalia em oito páginas de imagens e texto descritivo.

À esquerda e abaixo: Disponível a partir de 1962, o SO33 era uma conversão assumida e descrita nos catálogos da Volkswagen como o "Volkswagen Camping Car 3", e o SO22 era uma designação geral para uma série de itens que podiam ser adquiridos separadamente ou em conjunto, com o título do catálogo sendo "Volkswagen Camping Mosaik 22".

Problemas nos EUA

O que fariam os distribuidores e revendedores quando a procura por seus produtos superasse a oferta? Como fabricante, Nordhoff fez grandes investimentos, levando a produção da Kombi para uma fábrica destinada apenas a ela, e reinvestiria os ganhos na linha de produção até que sua meta fosse alcançada. Mas, como filiais não fabricantes, a Volkswagen da América e a Volkswagen do Canadá tiveram de lidar com o problema da falta de modelos Camper Westfalia de uma maneira diferente. O caminho que traçaram levou ao surgimento da chamada "Westfakia".

Uma primeira iniciativa nos Estados Unidos foi encomendar à Sportsmobile, muito conhecida no país como um tradicional conversor RV (recreational vehicle, veículo de lazer), a criação de um interior de campismo em sua fábrica de Indiana, adequado à Kombi. Inevitável e, na verdade, intencional, o resultado foi semelhante ao mais recente modelo Westfalia, o SO34 – daí a divertida observação "Westfakia" (*fakia* de *fake*, falso) surgida entre os entusiastas Volkswagen.

No começo, os conjuntos eram despachados para os portos por onde a Kombi entrava no país, com o desenho sendo adequado tanto à Kombi quanto ao furgão, ou a um veículo com ou sem janelas. Esses Camperkits logo estavam disponíveis nos revendedores, que ofereciam um serviço de instalação, embora alguns clientes preferissem economizar e fazer o trabalho por conta própria. Sob tais circunstâncias, nenhuma regra ou regulamentação que exigisse a instalação dos conjuntos somente em Kombis novas podia ser imposta, o que levava à possibilidade de haver uma Kombi 1950 com o interior de uma modelo 1960. Os Camperkits montados não poderiam carregar a marca registrada da Westfalia, então – sem dúvida para o horror de qualquer pessoa que conheça as origens da língua inglesa – nasceu o nome Campmobile, uma mistura tipicamente americana. No tempo da Kombi da segunda geração, e para desgosto dos puristas, esse nome se tornou sinônimo dos genuínos modelos Westfalia exportados para os EUA, e só passariam a ter menos importância na era da T3.

Em 1962, uma guerra tarifária entre a Europa e os Estados Unidos levou, primeiro, a tarifas de importação muito mais elevadas para a Kombi, e, em segundo lugar, ao absurdo de a Volkswagen da América mandar Camperkits para Hanover a bordo da própria frota de navios da Volkswagen. A fábrica, após executar a montagem, devolvia os Campmobiles completos aos EUA. Com esse expediente, evitava a incidência dos impostos.

Embora depois modelos Westfalia genuínos se tornassem mais abundantes no mercado americano, tanto os Camperkits quanto os Campmobiles montados continuaram sendo vendidos, estes oferecidos por preços menores que os modelos fabricados na Alemanha. A Volkswagen da América teria sido pouco esperta se não houvesse mantido as duas séries juntas no mercado, em especial quando vários fabricantes americanos – inclusive as conhecidas Sundial, EZ (pronuncia-se "i-zi"), ASI e Adventurewagen – aproveitavam a oportunidade de produzir seus próprios campers.

Além dos SO34 e SO35, um ano depois do seu lançamento, a Westfalia acrescentou o SO33 e o Camping Mosaik 22, sendo a designação do primeiro referente ao conjunto instalado permanentemente, enquanto a do segundo consistia em uma lista de componentes que podiam ser adquiridos em separado para formar um conjunto completo. Se alguém disposto a isso comprasse todos os itens do conjunto, o resultado seria indistinguível de um SO33 já entregue pronto.

A essência da designação SO era transparente quando o SO36 foi lançado, já que se referia não a um modelo específico, conjunto ou desenho, mas, sim, abrangia Kombis e micro-ônibus com o teto levadiço fabricado pela Martin Walter, cuja principal marca de comércio era, é claro, Dormobile.

Nos últimos anos da primeira geração, houve mais uma atualização, um aprimoramento destinado a refletir as mudanças de comportamento e estilo de vida associadas à rápida e crescente prosperidade. Os modelos 1965-67 eram designados SO42 e SO44, o primeiro destinado ao mercado de exportação em geral e aos EUA em especial, e o segundo incorporando um desenho especial para um modelo com divisória, sob certos aspectos lembrando a época dos primeiros Camping Box, nos quais uma grande peça de mobília ficava encostada à traseira da divisória. Todos os modelos e, por conseguinte, todos os proprietários dispunham da vantagem de uma cama de molas retrátil, o que acabava com a necessidade de utilizar a mesa como cama, além de evitar a complicada tarefa de estender as almofadas. O luxo dos tetos levadiços tornava as escotilhas do tipo das de submarino coisas do passado, substituídas pelo mencionado teto de comprimento integral da Martin Walter ou pelo da própria Westfalia, um menor, mas novíssimo teto levadiço com laterais de lona.

À direita: Como a procura por camper nos Estados Unidos aumentou muito, foi necessário complementar as importações da Westfalia com conjuntos de campismo nacionais. Catálogos, como este aqui, de 1963, ilustram a história. A maioria dos componentes do conjunto podia ser comprada separadamente.

Um comercial não tão comercialmente viável

A história do surgimento do Volkswagen Camper como uma força a ser vista como um problema na Grã-Bretanha é diferente daquela dos Estados Unidos e da Alemanha. Não havia uma versão de um modelo Westfalia com direção do lado direito durante toda a existência da Kombi da primeira geração, enquanto a aliança que surgiu entre uma empresa de conversões e a Volkswagen Motors Limited – esta podendo ser vagamente chamada de franquia, controlada após 1957 pela Thomas Tilling Group – não era estrita nem, como veio a transparecer, exclusiva.

Qualquer um que conheça os modelos fabricados no Reino Unido dos anos 1960 reconhecerá uma grande variedade de nomes, inclusive o da onipresente Dormobile (um nome muito conhecido em vários lugares, mas nem sempre identificado por seu trabalho com a Kombi), Danbury (mas apenas como um retardatário e que teria um papel mais importante na época da Kombi da segunda geração), Canterbury Pitt e Devon, estes últimos dois fundamentais para o surgimento do Camper na Grã-Bretanha.

Peter Pitt era um refugiado austríaco que passara a residir na Grã-Bretanha. Em 1956, ele desenhou o que chamou de Moto Caravan, um versátil arranjo modular para ser usado por até quatro pessoas, desde que permanecessem sentadas ou em posição inclinada, já que ele não tinha nenhum tipo de teto levadiço. No entanto, antes que esse veículo pudesse ser comercializado com algum sucesso, foi preciso vencer uma batalha.

Como a lei britânica determinou que a Kombi, com ou sem janelas e com ou sem um interior, era um veículo comercial, ele, como tal, estava limitado a uma velocidade máxima de apenas 48 km/h. Assim, o Moto Caravan não seria interessante para as famílias. Então, numa bravata, Pitt o dirigiu pelo Royal Park, em Windsor, sabendo que veículos comerciais estavam banidos desses lugares. Detido em seu trajeto, Pitt foi levado ao tribunal, e o resultado do julgamento foi o que ele esperava. O Moto Caravan deixou de ser considerado um veículo comercial; em vez disso, foi inserido na mesma faixa de tributação dos carros. De uma tacada só, não apenas a limitação de 48 km/h foi extinta de vez como também, com sua recém-adquirida condição de casa motorizada, ou de maneira mais vaga, como um furgão de turismo, o Moto Caravan passou a ser isentado do imposto que incidia sobre a compra de todos os veículos motorizados. O único obstáculo restante – a inspeção alfandegária e fiscal para verificar se a lei não estava sendo burlada – foi fácil e legalmente superado.

Com sua atuação, Peter Pitt abriu o mercado para muitos, e, mesmo se tratando da Kombi – sua opção original para a conversão –, ele foi obrigado a procurar outros fornecedores. As taxas de importação tornaram o veículo Volkswagen caro demais em comparação aos produtos de fabricantes nacionais, e embora ele fizesse um Camper baseado no Volkswagen sob encomenda específica de clientes, sua atenção voltou-se, pelo menos por algum tempo, para os veículos Thames, Austin e Commer.

Abaixo: A atuação de Peter Pitt, que havia criado seu Moto Caravan em 1956, garantiu que os camper não fossem mais considerados veículos comerciais, e assim passaram a poder trafegar a emocionantes velocidades acima de 48 km/h. O catálogo da foto é de 1958.

O Devon Caravette de J. P. White

Jack White, construtor estabelecido no refúgio costeiro de Sidmouth, no condado de Devon, necessitava de um veículo maior porque sua família estava aumentando em quantidade de membros e tamanho. O Fusca que eles possuíam para visitar parentes na Alemanha já não acomodava mais toda a família. A saída de Jack, uma Kombi modelo furgão, proporcionava o espaço necessário, mas era pouco confortável. Então, nos meses de inverno de 1955-56, Jack pensou em torná-la um veículo mais confortável, e com a ajuda de Pat Mitchell, desenhista e artesão carpinteiro empregado para construir e instalar cozinhas para a empresa de construção, produziu um Camper para uso de sua família. A conversão foi abrangente e incluía armários equipados com requinte, uma mesa e dois bancos que se convertiam em uma cama dupla, um fogão com botijão de gás, uma pia, um reservatório de água embutido com capacidade para 18 litros, um recipiente para alimentos gelados, cortinas e bancos cobertos com almofadas acolchoadas Dunlopillo.

Depois de concluído, o único Camper foi levado ao revendedor Volkswagen local, Lisburne Garages Ltd, para aguardar a inspeção alfandegária e fiscal como um veículo agora equipado com acomodações de vivenda e, como tal, habilitado a ser dispensado do pagamento do detestado imposto sobre compras. Tamanho foi o interesse pelo inédito Camper que o gerente-geral da concessionária pediu permissão para exibi-lo no salão de exposições principal. A avalanche de perguntas a respeito fez com que o empreendedor Jack White percebesse que tinha nas mãos uma possibilidade de negócio.

A concepção do Devon Caravette, um nome de incrível relevância e força inventado por Jack White, estava completa, e a criação de uma linha de produção era iminente. Não que um grandioso conjunto de oficinas tivesse sido construído com os lucros do negócio crescente de Jack – longe disso. Pat Mitchell trabalhava no barracão do quintal de White, até que o volume de trabalho exigiu uma mudança para as instalações do edifício comercial. Nesse estágio, enquanto unidades fabricadas para atender a encomendas vindas do sudoeste eram montadas no local, as destinadas a outras regiões do país eram enviadas para as instalações da Volkswagen Motors de Dovercourt, em Battersea, para montagem por outro grupo de trabalhadores. Duas outras mudanças se sucederam. A segunda foi para o local da velha Gas Works (usina de gás), hoje familiar para muita gente, transformada em uma nova fábrica conhecida como Alexandria Works.

Quando a nova fábrica foi inaugurada, no começo de 1960, a produção anual fervilhava, a caminho das mil unidades, muito diferente dos não louváveis 56 veículos vendidos do começo das atividades até os primeiros dias de 1957.

Como a Westfalia fornecia conjuntos e conversões completas, então a J. P. White (Sidmouth) Ltd, com a ajuda do "distribuidor nacional" Lisburne Garages, expandiu sua linha não só para acrescentar mais características ao Caravette, como também, a partir de 1962, lançar um veículo mais barato, acessível, que recebeu o nome de Devonette. Baseado na Kombi, em vez de no Micro Bus, como o Caravette, embora não fosse um conjunto, a ênfase estava no espaço e campismo mais básico. Um ano depois, a necessidade de se agachar, inclinar, ajoelhar ou flexionar se tornou coisa do passado quando a Devon lançou seu primeiro teto elevadiço de plástico reforçado com fibra de vidro. Feito a partir de um desenho já existente na empresa, e chamado Teto elevadiço Gentlux, esta opção com custo adicional permitia espaço em pé para pessoas com até dois metros de altura. Em 1963, esse teto foi substituído pelo teto elevadiço de articulação lateral Martin Walter. Esse nome, claro, era sinônimo de Dormobile.

Em 1963, a Devon havia crescido muito. O corpo funcional havia aumentado para cerca de 120 empregados, e o Caravette e o

Abaixo: Esta imagem de capa foi tirada de um catálogo da Devon do ano-modelo 1960. Nessa época, não só Jack White figurava nesta peça publicitária, como sua mulher e família representavam o papel de felizes campistas também.

VOLKSWAGEN CAMPER – ALTA POPULARIDADE

À esquerda: A importância desta imagem de capa é que ela mostra a nova versão Spaceway do Caravette, lançado, pela primeira vez, para o ano-modelo 1966. A diferença entre o que a Devon chamava de versões de série do básico Torvette e do mais luxuoso Caravette e os novos modelos adicionais era que estes permitiam acesso à parte traseira do veículo a partir da cabine do motorista sem ter de sair dele.

Abaixo: A foto de capa do catálogo de 1963 destinado a promover o Devon Caravette – e, por acaso, o primeiro a ser produzido em uma cor radiante.

Devonette eram exportados regularmente para clientes de todo o mundo. Mas uma tragédia ocorreu em novembro daquele ano, quando Jack White sofreu um ataque cardíaco fatal, morrendo nos braços de Pat Mitchell. Ele tinha apenas 51 anos. No ano seguinte, a empresa foi vendida ao Grupo Renwick, Wilton and Dobson, que decidiu continuar a atuar sob o nome de J. P. White (Sidmouth) Ltd.

No Salão de Earl's Court de 1965, realizado em outubro, a Devon lançou um novo modelo, o Torvette, muito parecido com o Devonette que substituiu. De maior relevância eram as versões Spaceway de ambos os modelos, que tinham um corredor da cabine do motorista para a traseira, e com isso remodelaram seus desenhos, proporcionando maior flexibilidade de uso. Essas versões estrearam em 1966.

Em meados de 1967, quando a Volkswagen lançou a Kombi da segunda geração, a Devon se firmou como a marca principal de convertedores da Grã-Bretanha. As vendas eram substanciais, mas sabia-se que os tempos tinham mudado e mais itens de conforto passaram a ser exigidos pelo público comprador. Uma mudança de modelos permitiu à Devon permanecer na dianteira e manter sua posição de liderança.

135

KOMBI

Os anos prósperos do Camper

À direita: Esta foto é interessante por mostrar como o porta-bagagem no teto podia ser acessado pelo interior do Camper.

Abaixo: Embora difícil de distinguir de seu antecessor imediato, esta imagem é de um SO69, ou Volkswagen Campingwagen, produzido entre 1969 e 1971. Os Camper Westfalia dessa época podem ser identificados pelo teto levadiço com articulação dianteira, um lançamento do ano de 1968.

Antecipando os triunfos da história da Kombi da segunda geração, narrada em capítulo anterior – e, a propósito, a intriga envolvendo o modelo da terceira geração que veio em seguida –, o negócio dos Campers floresceu para a Westfalia, a Devon e vários outros fabricantes quando a Volkswagen disse adeus à sua criação de 1949 e lançou um novo modelo. Embora possa haver quem diga que a mudança agiu como um catalisador, na verdade, as bases de afluência e poder de compra já haviam sido vistas na narrativa da sorte da Westfalia e da Devon. Vale lembrar também que as vendas do renovado e ainda velho Fusca atingiram novos e mais estonteantes patamares, antes do lançamento da Kombi da segunda geração, e proporcionaram um novo canal para o sucesso desenfreado. Uma parte do legado de Nordhoff foram volume e vendas quase sempre em alta, o que nem mesmo seus críticos mais duros podiam negar.

A história da Westfalia, a narrativa da Devon e os enredos associados a outros fabricantes foram fenomenais. A Westfalia comemorou a ocasião da saída do Camper nº 30.000 da linha de montagem em 8 de março de 1968. Então, em maio de 1969, foi a vez da nº 50.000 – um modelo que se destinava aos EUA. E, dois anos mais tarde, os dignitários se reuniram de novo, desta vez para testemunhar a chegada do Camper nº 100.000. Refletindo por um momento, essa conquista só pode ser classificada como significativa.

Considerando que o conjunto Camper e os originais Camper totalmente montados eram um produto do começo dos anos 1950, sua produção levou quase dezessete anos para atingir 30.000 unidades. Mas outros 20.000 exemplares foram acrescentados a esse total em pouco mais de um ano, e mais 50.000 Camper foram fabricados em apenas mais dois anos. As necessidades americanas, que em termos de exportação global em 1968 foram responsáveis por 75% da produção da Westfalia, simplesmente aumentaram e aumentaram, de modo que, dos 22.417 Camper fabricados em 1971, por volta de 19.000 – ou 84% da produção total diária de 125 veículos (acima dos já estonteantes 80 Camper produzidos por dia em 1969) – foram absorvidos pelos Estados Unidos.

Como, ao contrário de sua irmã refrigerada a água, a Kombi da segunda geração permaneceu sendo parte fundamental da linha Volkswagen mais ou menos até o fim da década, a história do modelo não é antecipada pelo anúncio de que a bolha do Camper estourou em 1973. Enquanto o então presidente da Volkswagen, Rudolph Leiding, enfrentava um cenário de prejuízos crescentes para levar adiante uma nova linha de carros refrigerados a água, e a economia mundial sofria em meio a crises recorrentes do petróleo, a procura por Camper Westfalia nos Estados Unidos reduziu-se em apavorantes 35% quase da noite para o dia. Felizmente para todos os envolvidos, os anos tumultuados foram poucos, e, embora a demanda nunca mais viesse a

VOLKSWAGEN CAMPER – ALTA POPULARIDADE

se equiparar à dos impressionantes anos iniciais da década de 1970, em 1976, a Westfalia comemorou a produção do Camper nº 175.000.

Como antes, não há intenção de mergulhar nos detalhes de cada designação SO, mas alguns pontos merecem ser abordados, começando por um de natureza mais genérica. Como se verá, a produção da Kombi da segunda geração cresceu muito nos anos iniciais de sua produção na Alemanha. Em consequência, embora o recorde de produção da Westfalia de mais de 22.000 unidades convertidas em apenas um ano possa parecer impressionante, esses números soam quase insignificantes diante de uma produção total de mais de 250.000 Kombis no mesmo período de um ano. Levando em conta, no entanto, que a Westfalia era apenas uma, embora a mais importante, entre várias empresas que faziam conversões de Camper, estando todas num período de prosperidade, os números totais de produção da Kombi, de pouco menos de 87.000 unidades – 9.000 a mais que o Micro Bus e impressionantes 39.000 a mais que o furgão – podem ser justificados, pelo menos em parte, pelo fenômeno Camper.

Os primeiros modelos Westfalia a incorporar a Kombi da segunda geração surgiram em janeiro de 1968 e foram designados SO60/61 e SO62. O SO60 era um modelo com corredor interno, e o SO61 era a versão Camping Mosaik, que consistia, desde que adquiridos todos os componentes individuais, nos mesmos equipamentos. O SO62 era o Camper totalmente equipado e muito avançado, um modelo que tinha uma forte semelhança com seu antecessor, o SO44. Dois pontos eram importantes. Primeiro, apesar da oportunidade trazida pelo lançamento de um novo modelo de Kombi e a conhecida confiança do Camper no mercado dos EUA, até então nenhuma concessão havia sido feita aos caprichos do estilo americano. Segundo, embora todos os compradores potenciais se beneficiassem com a opção, o lançamento de outra variedade de teto levadiço facilita a identificação dos Camper Westfalia do final dos anos 1960 e começo da década de 1970. Articulado na frente, com a elevação ao máximo na área de estar, a seção traseira deste novo teto compreendia um porta-bagagem moldado e embutido no teto, com a bem pensada conveniência de poder ser acessado por uma aba na traseira da seção elevada do teto. Embora outros tipos de teto permanecessem disponíveis, este decolou – embora não literalmente!

Em 1969, a Westfalia ampliou as opções de Camper para seis, e mesmo que uma nova série de números SO tenha sido designada, cada modelo

À esquerda: Fabricado pela Westfalia, vendido por meio da Devon e comercializado pela Volkswagen da Grã--Bretanha, o Continental era descrito como o modelo máximo da série de motorhomes Volkswagen, um modelo de quatro cômodos de luxo!

Acima: Mais um exemplar do Continental. Observe o teto levadiço que, a partir do final de 1973, foi modificado, de forma que o porta-bagagem de teto ficava agora na parte da frente do veículo.

recebia o nome de uma grande cidade europeia. Embora essa peculiaridade permanecesse como parte da estratégia de comercialização da Westfalia por muitos anos, um detalhe havia sido omitido – o fato de que a empatia com o mercado americano não recebeu atenção. Isso foi por fim corrigido, em agosto de 1972, quando o SO72 foi lançado em seis opções designadas de SO72/1 a SO72/6, com os números ímpares ligados a cidades europeias e os pares a Los Angeles, Houston e Miami, nesta ordem.

Entretanto, sem dúvida devido às pressões da demanda contra a oferta, a Volkswagen da América havia, em alguma medida, feito as coisas à sua maneira com o lançamento de um veículo conhecido apenas como Volkswagen Camper. A conversão se baseava sempre no furgão, como se notava pela ausência de uma janela na parte traseira do lado do passageiro e pelos cantos quadrados e pelo tamanho diminuto do vidro da porta corrediça.

Levando em conta o uso de carvalho claro em alguns veículos, em vez da agora familiar madeira compensada dos modelos alemães, forração integral de madeira no lugar das portas decoradas com acabamento plástico, a possibilidade de colocar o estepe na frente do veículo e a opção de escolher entre o tradicional teto de abrir com um porta-bagagem metálico anexo, ou, o que foi descrito como um "novo e mais longo teto levadiço tipo 'cobertura', com espaço para dois adultos dormirem", fabricado pela empresa americana Sportsmobile, parece bastante provável que as conversões fossem fabricadas nos Estados Unidos, apenas fazendo referência à Westfalia. As opções de cores e as imagens de um catálogo indicam uma data inicial no decorrer de 1969. O relacionamento da Volkswagen da Grã-Bretanha com os vários integrantes do mercado de conversões está além do objetivo deste livro, mas podemos dizer que a Devon só poderia requisitar a condição de recomendação oficial exclusiva quando a Danbury e a Dormobile perdessem a franquia.

No entanto, para confundir as coisas, a Volkswagen da Grã-Bretanha divulgou durante algum tempo um material sugerindo que ela própria fabricava dois modelos. Um deles descrito como o Volkswagen Caravette, o qual, para qualquer pessoa com um mínimo de conhecimento do assunto, significava Devon, enquanto o outro, o Volkswagen Continental, pode sugerir uma conversão com direção do lado direito de algo sempre disponível na Alemanha ou em qualquer outro lugar. Parece que essa hipótese é precisa, já que o Continental era um modelo Westfalia que guardava uma grande semelhança, em termos de desenho, com o recém-lançado SO72/3 Helsinki.

Para completar o disfarce geral da origem das conversões disponíveis, o material de comercialização contemporâneo da Devon passou a incluir o Continental, e, embora sem referências diretas à Westfalia, havia ao menos honestidade na declaração de que o veículo era "importado da Alemanha Ocidental". Um ponto importante na explicação da raridade comparativa desse modelo é o preço do Continental, 29% mais caro que o modelo mais próximo, topo de linha, fabricado pela Devon.

No Salão de Frankfurt realizado em meados de 1973, a Westfalia renomeou seus modelos destinados à Europa não só devido a inevitáveis remodelagens, mas também ao lançamento de um novo tipo de teto levadiço, articulado na traseira, em vez de na frente como era antes. Enquanto o espaço sobre a seção central das acomodações não foi afetado por essa mudança, o porta-bagagem de plástico moldado no teto passou a ficar sobre a cabine do motorista. Sejam quais

VOLKSWAGEN CAMPER – ALTA POPULARIDADE

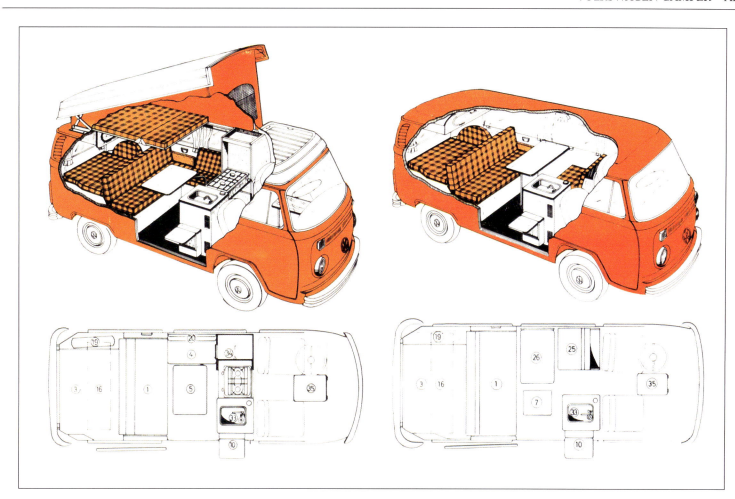

À esquerda: A conversão Helsinki ilustrada em um diagrama em corte, produzido nesta ocasião pela Westfalia.

Abaixo: O Campmobile 1974 – "A versão de luxo mostrada aqui tem características domésticas como um refrigerador elétrico, um fogão a gás propano e um sistema de água pressurizado. Há também uma tomada de 120 volts para um televisor, um secador de cabelos ou um abridor de lata elétrico para quem não consegue viver sem eles." (Volkswagen da América)

forem as vantagens deste arranjo sobre o antigo, a identificação de uma posterior segunda geração de conversões Westfalia comparada a um modelo mais antigo se tornou mais fácil. Talvez mais importante fosse a retirada do nome de cidades dos Estados Unidos das designações SO específicas dos modelos americanos. Na verdade, o nome de marca Campmobile estava tão consolidado nos Estados Unidos que foi considerado suficiente. Cada vez mais, os catálogos da Kombi para o mercado americano tiveram seu conteúdo dividido meio a meio entre o Bus e o Campmobile.

A partir de 1975 e do lançamento do Berlin e do Helsinki – o Campmobile seguiu o estilo do primeiro –, a maior ênfase da Westfalia foi em uma combinação de luxo e escolhas, e esse tema perdurou durante anos, chegando à Kombi da terceira geração.

KOMBI

No centro, à esquerda: Os encaixes retangulares dos indicadores de direção eram fixados na parte de baixo da carroceria, perto do para-choque.

À esquerda: As lanternas traseiras instaladas nas Kombis mais antigas da segunda geração eram idênticas às usadas nos modelos mais recentes da primeira geração.

Acima: As Kombis mais antigas da segunda geração mantiveram um para-choque de tipo semelhante ao de suas antecessoras, com o acréscimo de um degrau externo de acesso à cabine do motorista.

Abaixo: A Kombi da segunda geração, vista aqui como um Micro Bus convertido em um Camper pela Devon, era mais comprida, mais larga e mais alta que sua antecessora. Seu lançamento, em meados de 1967, resultou numa atividade frenética entre as empresas de conversão de camper, que estavam ansiosas para anunciar a chegada de novos modelos e desenhos adequados ao modelo mais recente.

Acima: Embora as aberturas de ventilação do motor fossem sempre instaladas no alto dos painéis laterais traseiros, as antigas aberturas planas não obstrutivas com esta aparência curva característica, como nesta foto, só permaneceram até agosto de 1971.

Acima: Somente quando mostrado numa visão total frontal da Kombi da segunda geração é que o impacto do para-brisa panorâmico é apreciado. Como observação, a Volkswagen torceu o nariz para a ideia de fixar o estepe ao painel dianteiro.

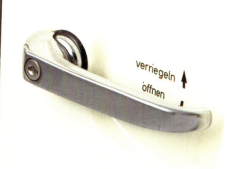

À esquerda: A maçaneta da porta lateral corrediça, agora de série, tinha uma fechadura integral. A maçaneta girava 90° acima para fechamento. A versão mais recente, lançada em 1972, tinha uma tranca separada, enquanto a maçaneta se movimentava menos. (Observe as instruções de uso em alemão neste veículo para o mercado britânico.)

KOMBI

À direita: A tradicional calota em formato de domo também foi mantida igual à da Kombi da primeira geração. Após a adoção de freios dianteiros a disco, em agosto de 1970, o estilo mudou.

Abaixo: Quase ao mesmo tempo do lançamento da nova Kombi da segunda geração, a empresa de conversões Devon lançou três novos modelos, incluindo um topo de linha chamado Eurovette. Baseado no Micro Bus como seu irmão de preço mais baixo, o Caravette, mas não na Kombi, como o modesto Torvette, a especificação era completa e ainda denotava qualidade pela escolha dos materiais empregados, inclusive carvalho natural.

Acima: O novo motor de 1.600 cm³ gerava um máximo de 47 cv a 4.000 rpm, um aumento de potência mais ou menos anulado pelo maior peso do veículo. A história das Kombis mais recentes da segunda geração trazia um aumento constante do tamanho dos motores, num esforço para mantê-las no ritmo dos concorrentes.

Acima: Com o teto levadiço abaixado, o Eurovette e seu irmão pareciam similares a qualquer Kombi "teto de zinco".

142

VOLKSWAGEN CAMPER – ALTA POPULARIDADE

À direita: Vários proprietários de Devon Eurovettes optavam pelo teto levadiço a custo extra. Este aqui tinha acomodações para duas pessoas dormirem e era equipado até com cortinas. Em 1969, o Eurovette custava 1.338 libras esterlinas, e a especificação de um teto levadiço na época da compra custava 130 libras esterlinas a mais.

À esquerda e no centro: Os modelos Devon Camper ostentavam um emblema retratando a condição de veículo topo de linha e sua linhagem como produto saído da fábrica da J. P. White, em Sidmouth.

143

Acima à esquerda: A cabine de motorista da segunda geração era mais clara e arejada do que a do modelo mais antigo. Embora partes do painel de instrumentos fossem pintadas na cor da carroceria do veículo até o lançamento do ano-modelo 1970, pelo menos a parte superior era acolchoada. Havia instrumentos em quantidade mais generosa e sua disposição era mais bem coordenada.

Acima: Dutos de ar se estendiam pelas portas da cabine do motorista nas Kombis do começo da segunda geração, para permitir a entrada de ar no compartimento de passageiros quando o aquecedor estivesse ligado. Como esta foto sugere e outras confirmam, as primitivas, embora mais baratas, janelas corrediças laterais foram substituídas pelas convencionais, de acionamento por manivela, padrão na maioria dos veículos da época.

VOLKSWAGEN CAMPER – ALTA POPULARIDADE

À direita: A mesa, com extensão que facilita o acesso ao fogão quando utilizado dentro do veículo, também forma parte da base para a cama dupla. Todas as almofadas dos bancos são cobertas com vinil de um lado e tecido Duracour do outro. O fogão de duas bocas com grelha e forno fica na unidade retangular que bloqueia em parte a entrada através da porta lateral corrediça. A unidade é desmontável, o que a torna muito prática para uso externo.

Acima: A unidade à esquerda da porta corrediça, que, como o restante, é feita de carvalho natural, contém a caixa térmica Easicool, o reservatório de água, louça de melamina e, próximo à base, a cutelaria, que tem uma sacola de armazenamento própria, bem presa à porta por botões de pressão. No fundo da foto (com uma almofada encostada nele), está o armário, feito para combinar com o estilo da unidade descrita. O assoalho é coberto com lajotas de relevo texturizado.

À esquerda: Os gaveteiros sobre o compartimento do motor se estendem de ponta a ponta, podendo assim ser acessados tanto de dentro como de fora do veículo.

Os modelos Devon da segunda geração

A história da Kombi da segunda geração da Devon tem muitos aspectos semelhantes à da Westfalia. Os nomes de marca Torvette e Caravette vêm da época da Kombi da primeira geração, e para sustentar a ideia de que o primeiro era um modelo simples, e o segundo, mais luxuoso: o Torvette se baseava na Kombi, enquanto o Caravette, fornecido no que havia sido antes denominado Micro Bus De Luxe, era agora conhecido como Clipper (uma história para ser contada em outro lugar). No entanto, o Caravette perdeu sua condição de modelo topo de linha com o lançamento de um novo modelo, que recebeu o nome de Eurovette, cujo propósito ficou claro com a mensagem da Devon sobre as novas tendências em luxo. Deixando de lado as minúcias de cada nova oferta da Devon, a história por trás do Eurovette foi sua inclusão de itens como um toldo lateral, louça de melamina, talheres de aço inoxidável para quatro pessoas e uma cama suspensa na cabine do motorista para duas crianças, de série, mas que podia ser adquirida com outros modelos mediante pagamento adicional, além de outros requintes como um forno e, acima do padrão, dois queimadores e grelha, além de um apoio de cabeça para os passageiros e até um extintor de incêndio.

No decorrer dos anos, nomes desapareceram e ressurgiram, novas marcas foram acrescentadas e, em alguns casos, sumiram tão rápido quanto surgiram. Um comunicado de imprensa escrito pela Devon para promover seus produtos no Salão de Londres de 1970 mostra como a empresa via a si mesma nos círculos dos convertedores, e foi um primeiro passo para colocar no papel sua estratégia para a década:

"Conversões Devon, famosos fabricantes britânicos de conversões do Volkswagen em motorhomes, que tornaram sua marca de comércio Caravette um nome genérico na indústria, estão lançando [...] duas conversões de motorhome inteiramente novas. [...] Elas são o Devon Sunlander e o Devon Moonraker.

Acima à esquerda e ao lado à esquerda: No Salão de Londres de 1970, foram lançadas duas novas conversões. O veículo com o teto elevado é um Sunlander; o outro Camper é o mais luxuoso Moonraker. Em 1970, o acréscimo de um teto levadiço custava 130 libras esterlinas, quando o próprio Moonraker, por exemplo, custava apenas 1.433 libras.

À direita: Após alguns anos de ausência, o nome Eurovette foi relançado em 1974 e, mais uma vez, relacionado ao modelo topo de linha.

VOLKSWAGEN CAMPER – ALTA POPULARIDADE

[...] O Devon Sunlander é apresentado com [...] bancos para cinco pessoas na carroceria do veículo, dois dos quais são reversíveis e dotados de confortáveis descansa-braços... O Devon Moonraker traz alguns equipamentos extras [...] [inclusive] um fogão retrátil [...] [e] é equipado com um ventilador elétrico, o único disponível em qualquer motorhome Volkswagen."

O padrão de versatilidade associado à relativa simplicidade de um lado e ao luxo de outro prosperou. Próximo ao encerramento da produção da Kombi da segunda geração, dois modelos eram oferecidos, o Moonraker – mas não com as mesmas especificações do modelo mencionado no comunicado de imprensa de 1970 – e o Sundowner. A ideia de que o Moonraker é o Camper de luxo ou completamente equipado pode estar no fato de ele ser montado em uma Kombi, enquanto as especificações do Sundowner são feitas para o furgão. Para ele, o texto básico dizia que era "um verdadeiro veículo multiuso" e "com lugar para até oito pessoas". Para o Moonraker, os atributos ficavam por conta de "dezenas de aprimoramentos a bordo".

Infelizmente, a força das pressões inflacionárias em meados dos anos 1970 causou um rebaixamento tanto dos modelos de Kombi usados como base para as conversões – os tempos em que se utilizava o Micro Bus haviam ficado para trás – quanto da qualidade dos materiais utilizados, que teriam sido criticados pelos grandes artesões do passado. A madeira maciça deixou de ser usada – substituída pelo indesejável aglomerado de madeira. No entanto, é preciso ressaltar que a Devon não foi a única a mudar os materiais empregados; a Westfalia, por exemplo, havia chegado às mesmas conclusões antes da empresa britânica.

À esquerda: Esta imagem de um Caravette, de data semelhante à do Eurovette abaixo, mostra o novo fogão-grelha "giratório saliente", uma evolução ideal de uma questão antiga, bastante adequado a vendedores ambulantes de comida.

À direita: O material de propaganda da Devon para a Kombi da segunda geração tinha fotos atraentes e subtítulos inteligentes. Este catálogo é do final de 1976, quando, além do Continental, os modelos disponíveis eram o Devonette e o Eurovette.

À esquerda: Os modelos do Moonraker e Sundowner 1979 eram oferecidos com um tipo diferente de teto levadiço, que a Devon descrevia como "o novo supersuspenso", um modelo que proporcionava maior espaço entre o teto e o assoalho e certamente "um dormitório maior".

Campers mais recentes

Os dias de glória da Volkswagen, de liderança no segmento de utilitários, começaram a caminhar para o fim durante a produção do modelo da terceira geração. O feroz desafio à supremacia dessa empresa, especialmente na Ásia, era inacreditável, com um catálogo completo de veículos com maior potência em termos de rendimento do motor e uma abundância de dispositivos vistosos e, o que era fundamental, preços mais baixos que os da Volkswagen. O inevitável aconteceu: alguns fabricantes deram as costas à Volkswagen ou passaram a oferecer conversões com outros veículos também. No começo dos anos 1980, em tempos difíceis para os negócios, várias companhias entraram em concordata. Algumas se recuperaram, outras não. A Westfalia parecia não ter sido afetada pelas circunstâncias, enquanto a Devon tinha motivos para avaliar suas circunstâncias e o mercado em mudança.

A Devon, que assistiu à decadência da Dormobile nos primeiros anos da Kombi da terceira geração (uma redução que significou que nenhuma conversão baseada na T3 foi produzida), e seu fim, em 1984; e que testemunharia o desaparecimento da Danbury no final dos anos 1980; e que viu o exemplo da tão recentemente orgulhosa Motorhomes International desmoronar sob a pressão da crise, com a mudança dos tempos, cuidou de aumentar a variedade dos seus produtos. Enquanto o Moonraker e o Sundowner praticamente foram levados da segunda geração para a T3, em 1980 a Devon acrescentou a popular Toyota Hi-Ace e, um ano mais tarde, uma variedade de produtos Mercedes.

Embora em 1986 a Devon tivesse relançado os nomes do Caravette e, após uma considerável ausência, do Eurovette também, os consumidores que olhassem seu acervo teriam notado a proliferação de Ford Transit, mais Toyotas e até Bedford. Em 1989, a Devon vendeu o nome e seu negócio de camper, e embora os novos donos insistissem nas conversões baseadas na T3, quando a Kombi da quarta geração foi lançada, em 1990, decidiu-se que o novo modelo não tinha potencial para conversões, e seu tempo e energia foram direcionados para outras coisas. Tendo depois se mudado para County Durham, mais tarde, durante a existência do modelo, houve uma retomada do interesse pela Volkswagen, e nasceu um Moonraker reinventado. Os Devon baseados em Volkswagen são vendidos até hoje, mas o lugar de destaque ocupado pela Kombi durante a maior parte de 25 anos não existe mais.

Manter a associação entre a Volkswagen e a Westfalia até hoje é algo positivo a curto prazo, uma vez que o relacionamento permaneceu estável durante os anos da terceira e quarta gerações da Kombi. Como boa parte da produção vinha da Volkswagen, a Westfalia produziu variações de um tema de marca sob o título de "Joker". Os primeiros modelos foram lançados em 1979, e os últimos em 1987. A maior parte era famosa pelo luxo, embora existissem Joker mais básicos. Em 1988, uma mudança de nome, de Joker para California, que logo seria suplantado pelo Atlantic, sinalizou a manutenção do desenho do Joker, mas com ênfase ainda maior no requinte, enquanto uma redefinição em termos de opções de materiais e cores adequadas aos anos finais da década de 1980 aumentou o potencial de vendas de ambos os modelos.

A história americana de associação do Westfalia Camper à simples Kombi prosseguiu em bom ritmo, embora o emprego do termo Campmobile tenha sido abandonado em favor de Vanagon Camper, ou Camper GL. O mais sucinto dos excertos de material publicitário produzido em 1988 confirma a ênfase no requinte:

"Se você nunca deixar o conforto do Camper GL, você vai pensar que nunca saiu de casa. [...] Quem quer que tenha dito que não há lugar como o lar, obviamente nunca passou uma temporada em um Camper GL."

O nome California e as especificações foram levados para a T4. No entanto, esta se tornou a época dos modelos de edição especial, dirigidos aos mercados europeu e, em especial, ao americano. O impacto da

À direita e abaixo: A Devon produziu uma variedade de modelos durante a vida da Kombi da terceira geração. Embora os dois veículos nestas fotos pareçam bastante diferentes, ambos são de meados dos anos 1980 e ostentam a marca Moonraker. A foto em preto-e-branco mostra o Moonraker equipado com um teto Hi-Top (que proporciona um espaço entre o assoalho e o teto de 1,93 m), e a foto colorida ilustra a mesma conversão, mas com o que a Devon chamava de seu "teto aeroespaço".

VOLKSWAGEN CAMPER – ALTA POPULARIDADE

À esquerda: Talvez esta não seja a imagem mais típica de um Westfalia Joker, uma vez que este modelo é equipado com um Hi-Top. No entanto, atente para o decalque Joker na porta do motorista – todos os modelos deste tipo tinham essa marca.

Acima e à esquerda: O California e o Atlantic suplantaram o Joker no final da produção da Kombi da terceira geração. Os vistosos decalques mostrados no catálogo contemporâneo facilitam a identificação dos dois modelos até para os observadores novatos!

À esquerda: Da esquerda para a direita: o T5 California produzido em Hanover pela fábrica da Volkswagen; o T4 California, cortesia da Westfalia; e o T3 California, lançado em 1988 (próximo ao final da produção do modelo), como sucessor da duradoura e bem-feita conversão Joker.

Volkswagen nos Estados Unidos foi, para dizer o mínimo, dúbio – o New Beetle traria um alívio temporário no final dos anos 1990 –, logo, qualquer opção requintada seria bem recebida pelos revendedores que haviam permanecido com a marca mesmo nos tempos mais difíceis.

Em 2001, para comemorar os 50 anos de associação entre a fabricante e a conversora, a Westfalia produziu o California Event. Poucos seguidores devem ter percebido o que iria acontecer dentro de poucos anos, e, sem dúvida, vários apreciaram a perspectiva de criações como o California Exclusive, uma T4 com grande distância entre eixos e teto alto, com banheiro privativo na traseira, um cubículo que tinha um vaso sanitário e uma pia dobrável.

O rompimento entre a Volkswagen e a Westfalia ocorreu quando a T5, a Kombi da quinta geração, foi lançada em meio a muita expectativa. A natureza da parceria entre as duas companhias era tal que, quando a Volkswagen criava um novo modelo de Kombi, os protótipos pré-produção eram enviados para a Westfalia para que os projetistas pudessem readequar suas conversões para o novo modelo; uma facilidade não concedida a nenhuma outra empresa de conversões. Então, em 1999, o formidável Grupo DaimlerChrysler adquiriu uma participação de 49% das ações da divisão de conversões da Westfalia. No decorrer de 2001, o grupo absorveu os 51% restantes. A Volkswagen, claro, não iria fornecer detalhes de sua T5 aos concorrentes, então, a recém-adquirida Westfalia continuou fabricando modelos California baseados na T4, e até o encerramento da produção do modelo não havia um Westfalia T5. O relacionamento entre as duas fabricantes piorou em 2004, na iminência do lançamento do T5 Volkswagen California, fabricado nos cantos da fábrica de Hanover, com o nome de marca criado dezesseis anos antes. A falácia muito difundida e acreditada, de que a Volkswagen fabricava Camper, de repente se tornou realidade, uma verdade que parecia destinada a sobreviver por muitas gerações.

149

Índice remissivo

abas laterais articuladas 54
acabamento na cor marfim 39
acesso/carregamento lateral 23, 24, 44-5, 54, 58, 64, 129
Achtsitzer (VW) 25, 30, 34-6
acrílico 39, 41-2, 72
aletas de refrigeração do motor 58, 86, 98-100, 103, 141
altura 115, 117
ambulâncias (Krankenwagen) 8, 35, 40-9, 119, 125
anúncios *veja* material promocional
aquecimento elétrico "ouriço" 121
arcos de rodas 78, 99
área de carga 21, 22-3, 25, 33-4, 117
armários, guarda-roupas 101, 129, 130, 146
Atlas (Gutbrod) 24

bancos 20, 78
bancos reguláveis 59, 78
barras de proteção de bagagem 39, 73, 88
Bernd Reuters 6, 10, 40, 70
conversões 50-2, 54, 130-1, 134-5, 146-7
Doyle Dane Bernbach 70, 91
Micro Bus De Luxe 38-9, 89-91
modelos crossover 99
modelos renovados 104-5
modelos syncro 124-5
Bild (jornal) 16
Binz (fabricante de ônibus) 50, 62
Borgward Motor Company 83
Brunswick Technical College 22

cabines com aba 44, 71, 76
caixas de câmbio sincronizadas 77
caixas térmicas "Easicool" 145
calotas 39, 95, 109, 119, 142
cromadas 119
em formato de domo 95, 109, 142
camada extra 83
camas 130, 134, 145
câmbio automático 107
caminhões de bombeiro 43, 50, 94, 125
Camperkits 132, 136
Campers

conversões 7, 50, 74, 101-2, 128-49
mercado dos EUA 7, 128-9, 131-2, 136-8, 148
popularidade 33, 79, 128, 131, 136-7
Camping Box, unidades 129, 131, 132
Camping Mosaik 22 (VW) 131, 132, 137
Campmobile 132, 139, 148
Car (revista) 97
carburadores Solex 78, 97
carregamento baixo 53
CCG (Comissão de Controle para a Alemanha) 13
Chrysler Motor Company 70
cinzeiros 37, 71
CKD (conjuntos completamente desmontados) 64
claraboias 72, 88-9
Clayton (Austrália), fábrica 64
códigos "M" 53
códigos SO 50-1, 79, 131, 132
combustível
economia 24, 96, 107, 121
injeção eletrônica 121
marcadores 43, 48, 77-8
tampas de tanque 22, 33, 42, 71, 118
tanques 54, 56, 71, 118, 123
comerciais da Volkswagen 51, 97, 105
comprimento 85, 115
"conjuntos especiais" 50-3, 94-5, 119
Container Van (VW) 64
conversão de banheiro 51, 52
conversões
Canterbury Pitt 133
Danbury 128, 133, 138, 148
Devon 9, 74, 128, 133-5, 138, 142-3, 146-8
Dormobile 128, 132, 133, 138, 148
Helsinki 101, 139
modelos da primeira geração 7, 8, 50-3, 74, 129-35
modelos da segunda geração 94-6, 101-2, 136-47
modelos da terceira geração 148-9

Sportsmobile 132, 138
Westfalia 8, 50, 52, 79, 101-2, 128-32, 136-9, 148-9
conversões em agências postais 51, 63
conversões em lojas móveis 51
crise do petróleo (anos 1970) 92-3, 95-6, 113, 136
custo 24, 42, 58, 63, 72
custos de produção 54, 56
pintadas com propaganda 32

degraus de cabine 45, 105, 106, 140
descansa-braços dobráveis 122
direção de pinhão e cremalheira 117
distância entre eixos 84-5, 115
divisórias 49, 77, 130
divisórias de vidro 49
dobradiças de portas 20
Doyle Dane Bernbach (agência de propaganda) 70, 91

eixos
oscilantes 86
traseiros 86
traseiros de junta dupla 86
emblemas circulares
modelos da primeira geração 29, 33, 39, 73, 77-8
modelos da segunda geração 88-9, 100, 104-5, 107
modelos da terceira geração 116
Emden, fábrica 92-3
escadas giratórias 53
estepe 20, 33, 54, 71, 77-8, 118-19, 141
estofamento
Duracour 145
Maltopren 130
vinil 145

F89L (DKW) 24
faróis 22, 116
Feira de Hanover (1948) 129
filtros de ventilação de ar Behr 34, 43
FK 1000 (Ford) 19
flexibilidade 50-3, 129
fogões 101, 129, 134, 145, 146-7
Ford Motor Company 70

forração de teto 37, 39, 78, 119
de vinil 78, 119
freios a disco 95, 142
frisos de acabamento 73, 88, 89-90, 119
Fuller, Smith and Ross (agência de propaganda) 70
Furgão (VW)
área de carga 51, 71, 84-5
custo da 63
especificações 33
início da produção integral 28-9
modelo alongado 96
modelos de teto alto 63
pintados com propaganda 31-61
protótipos 18, 19, 20
Tipo 68 11
Tipo 81 11
furgões de teto alto 63, 86
Fusca
"barato" 15
câmbio semiautomático 107
códigos "M" 53
custo 38, 58
desenvolvimento 11, 12, 22
indicadores de direção 106
longevidade 64
mercado dos EUA 15,16, 23, 62, 70
números de produção 66-7
para-choque 105
popularidade 67, 91
potência máxima 34
produção de Wolfsburg 12-5, 21
produção no México 82, 109

General Motors 11-2, 70
Golde (fabricante de tetos solares) 73
Golf (VW) 16, 112-3, 120
grades de entrada de ar 86, 90, 104, 121

Haesner, Alfred 10, 18-23, 25, 28-9
Hahn, Carl 16, 70, 126
Hanover, fábrica 7, 66-9, 79, 92-3
Hi-Ace (Toyota) 148
Hirst, Ivan 11, 12-4, 17-9, 25
holofotes 45, 47
imagem de veículo de trabalho 9,

91, 117, 123, 129
indicadores de direção
com formato de bala 57, 72, 77, 106
modelos da primeira geração 57, 71, 72, 77-8
modelos da segunda geração 100, 105, 106, 140
modelos da terceira geração 117
"olho de peixe" 57, 106
indicadores semafóricos 71, 77, 106
isolamento 130

J. P. White Ltd 134-5, 143
"Janelão", apelido 6, 83, 116
Janelas
acionamento por manivela 85, 144
de inspeção 107
respiradouros pivotantes 34
traseiras 30, 33, 39, 77-8
vidros opacos 42-3, 49
janelas-balcão 63
junções emborrachadas 118

K70 (VW) 16
KdF-Wagen 11-12
Kemperink (fabricante de ônibus) 96
Knöbel, Johann Bernhard 129
Kombi (VW) 8, 25, 31, 34, 36-7, 43, 50-1, 129-31
criação do nome 10
evolução 77-8
nº 1.000.000 69
nº 2.000.000 92-3
pintadas com propaganda 31-2, 61
Krankenwagen (ambulância) 8, 35, 40-9, 119, 125
Kübelwagen 11, 12, 21

Landstreicher (VW) 129
Leiding, Rudolph 16, 82, 96-8, 112-4, 136
limpadores de faróis 106
limpadores de para-brisa 43, 78
Lisburne Garages 134
longevidade de modelos 64-5
Lotz, Kurt 16-17, 112
LT (VW) 113, 116

ÍNDICE REMISSIVO

Ludvigsen, Karl 21
luzes
de freio 46, 77
de ré 45, 99
traseiras 46, 57, 77, 99, 101, 103, 140

maçanetas de botão de apertar 57, 78
marcas
Multivan 122
Tristar 125
Vanagon 93, 113, 122
material promocional
Mayer, Gustav 65, 83
mercado dos EUA
Camper 7, 128-9, 131-2, 136-8
Fusca 15, 16, 23, 62, 70
Micro Bus 37, 89, 107
picape 62
Mercedes Benz Motor Company 19
Meredith, Laurence 17, 104
Micro Bus (VW) 23, 31, 37, 87-8
Micro Bus De Luxe (VW)
comercialização 38-9, 89-91
custo 58, 72, 87
especificações 39, 72-6, 88-9
frisos de acabamento 73, 88-90
lançamento 38, 41
marca "Clipper L" 87-8
modelos renovados 72-6, 89-91
para-brisas divididos 74-5
situação 8
Miesen (fabricantes de ônibus) 40, 42, 50
Mitchell, Pat 134-5
modelos
California 148-9
Caravelle 109, 112, 122-4, 127
Caravette 134-5, 142, 146-8
Clipper 87-8
com tração nas quatro rodas 95, 118, 123-4
Continental 101-2, 137, 138
crossover 98-9, 119
de sete lugares 77
diesel 120-1
especiais 94
Eurovette 142-3, 146-8
Fleetline 79
galvanizados 95
Joker 148-9
Moonraker 146-8
porta de galpão 28, 33, 34, 42, 61, 71
Silberfish (Silver Fish) 108

Spaceway 135
Sundowner 146
Sunlander 146
"syncro" 123-4
T4 127
Torvette 134, 141, 146
Tipo 21A 34
Tipo 29 22,34
Tipo 68 11
Tipo 81 11
Westfakia 132
"zwitter" 98
Moto Caravan 133
motores
boxer 112, 120-1
"mala" 97, 99, 107
refrigerados a água 9, 100, 109, 112-4, 120-1, 136
traseiros 23, 24
Münch, Hermann 14

Nordhoff, Heinz
caráter de 18, 19, 20
críticas a 15-7, 92
culto a 15, 54
descarta modelos da primeira geração 17, 28, 65, 82-3
discurso de 16, 18, 22, 25, 36, 64-5, 69, 92
e a fábrica de Hanover 30, 66-9
e longevidade 64-5
e o lançamento inicial para a imprensa 6, 10, 18-25
e o partido nazista 14
e o prêmio Elmer A. Sperry 64-5
e recessão 15, 92
morte de 16, 17, 82
nomeação de 14
sucesso de 15, 19, 65, 92
viciado em trabalho 14
Novotny, Frank 15
números de produção
modelos da primeira geração 6, 30, 40, 47, 55-6, 65, 69, 83
modelos da segunda geração 6, 82, 92-3, 109, 136-7
modelos da terceira geração 126

ônibus
"21 janelas" 78
escolares 60
Opel Motor Company 11-12, 14, 19

painéis de instrumentos
inteiriço 39, 42, 48, 71, 76
pintura com acabamento

brilhante 95
pintura com acabamento fosco 102
plástico acolchoado 86, 102, 144
vinil 119
para-brisas
divididos 74-5, 84
inteiriços 84
para-choques
de seção quadrada cruzada 104
modelos da primeira geração 33, 39, 56, 77
modelos da segunda geração 91, 99, 100, 103-6, 108-9, 140
modelos da terceira geração 116, 117, 119
Parkinson, Simon 13
partido nazista 11-12, 14
Passat (VW) 112, 120
peso 20-1, 22, 33, 86, 96, 115, 117, 142
Phänomen Motor Company 19
pias 101, 129, 149
picape (Pritschenwagen)
cabine dupla 35, 50, 62-3, 85, 106, 123, 125
desenho da 54-9
e funeral de Nordhoff 17
lançada 35, 42, 54
sucesso da 55-6
vendas 106
pintura de dois tons 10, 37, 89
Pitt, Peter 133
placas simples 37
plataformas elevatórias hidráulicas 51
Plattenwagen 12
pneus
diagonais 99, 117
radiais 99, 117
Pon, Ben 10-3, 17-19, 23, 25
pontos de deformação 117
Porsche, Ferdinand 11, 22, 117
portas
abertura traseira 42, 45, 46, 71, 76
laterais corrediças 85, 141, 145
tipo persiana de correr 53
potência de saída
modelos da primeira geração 24, 33, 34, 56, 77-8
modelos da segunda geração 95, 96-7, 103, 109, 142
modelos da terceira geração 120-1
prêmio Elmer A. Sperry 64-5

Pritschenwagen *veja* picape
produção em massa 15, 17
produção mexicana 82, 108-9
projetos
EA-114 82-3
EA-389 113
EA-7 22
Puebla (México), fábrica 109
PV4 (revista) 107

quebra-ventos 34, 39, 43, 72-3, 77

Radclyffe, coronel Charles 12-14, 17
radiadores 109, 120
recessão 15, 92
refrigeradores 130, 139
REME (Royal Electrical and Mechanical Engineers) 11, 19
Reuters, Bernd 6, 10, 40
revenda Amersfoot (Holanda) 11-12
rigidez torsional 22
Rust, Josef 16

saídas de ar quente 86
Salão do Automóvel
Earl's Court (1965) 135
Frankfurt 122, 129, 138
Genebra (1950) 22, 28
Londres (1970) 146
Paris (1982) 120
São Paulo (Brasil), fábrica 9, 64, 79, 82, 108-9
saúde e segurança 104-5, 108, 117
Schmücker, Toni 97, 112, 114
Schwimmwagen 11
Scirocco (VW) 112
Sedan (Volkswagen) 21, 22, 24
Singer (máquinas de costura) 51
sistema de "dois assoalhos" 55, 58
sistema de códigos 34-5
sistemas de exaustão 120
sistemas de ventilação 34, 43, 54, 64, 71, 76, 78, 86
Sociedade Americana de Engenheiros Automobilísticos 64-5
"Splitty", apelido 6
Steyr-Daimler-Puch (engenheiros) 123
Strauss, Franz-Josef 15-16, 92
suspensão 21, 22, 86, 117

tamanho maior da cabine do motorista 85, 91
tamanho maior da janela 83, 116-17
tampas traseiras descendentes 42, 45, 46

tapetes 64, 119, 122
tapetes de borracha 119
teste de colisão 117
teste em túnel de vento 22, 24
teto
"aeroespaço" 148
de fibra de vidro 86
elevatórios 102, 132, 134, 136-8, 142-3, 146-8
elevatórios Gentlux 134
luzes de 49
painéis de 20, 34
plataformas de 52
porta-bagagens no 136, 137, 138
revestimento do 37
solares 39, 73, 77, 88-91
solares de lona 39, 73, 77, 88
solares retráteis 88-9
Thomas Tilling Group 133
Time (revista) 42
toldos 146
Transit (Ford) 19, 148

Uhlenhaut, Rudolf 19
Uitenhage (África do Sul), fábrica 79
unidades de radiodifusão 51

valor de revenda 65, 89, 126
vasos sanitários 149
veículos de apoio a aeroportos 51, 53, 61
veículos policiais 43, 52
velocidade máxima 22, 24, 97, 120, 121
vendas 29-30, 38, 65, 86, 106
vendas em primer 29-30
ventiladores elétricos giratórios 42
versatilidade 6, 29, 43, 47, 50-3, 147
volantes de direção 48, 71
Volkswagen da América 93, 96, 126, 132, 138
Volkswagen Motor Company
culto à 70
história da 15-17
lucros em queda 82, 92,13
qualidade dos veículos 84
segurança financeira 42, 54, 62
sustentabilidade da 11, 13, 24

White, Jack 134-5
Wiking (Tempo) 24
Wolfsburg, fábrica 11-15, 19, 21, 66-8

zona de absorção de impacto 108

151